昔話と文学

柳田国男

角川文庫
18122

目次

序

このわずか十年ほどの間に、われわれは昔話について二つの新しい経験をしております。一つは全国のはしばしにわたって、古い形の昔話が、まだいくらでも残り伝わっているということ、もう一つはこれを採集して学問の用に立てるのに、意外ないろいろの故障があるということであります。古い形というのは、あるいは外部の人には問題かもしれませんが、この本の中にはそれをやや力強く説いてみようとしております。つまりは交通往来の最も想像しにくい遠隔の土地に、偶然とはいえない一致のあることが、日本でならば容易に見出しえられるので、それをわれわれは久しい以前に持って分れたなごりと見ているのであります。この想像のいよいよ確かめられるためには、採集の事業が今よりもまたずっと進まなければなりません。

ところが古風なよい昔話というものは、他の新できの数物と比べると、もともと管理者が違っていたらしいのであります。われわれは話を活計の助けにしていた者が、どこへでも運んでくれるのになれ安んじて、まだその品柄の好悪を吟味するだけの心構えがなかったことは、ちょうどこの節流行のモスリンやスフと似ております。麻の手織とか綿密な菱《ひし》刺《ざ》しとかいうようなものは、別にこれ以外に家々にあったのであります。グリムの説話集の名にもなっているように、昔話は本来家庭用または児童用のものでありました。目的はもっぱら親しい心置きのない者をたのしましめるためであって、外から新しい材料を取り入れることはあっても、内の物をよそへ出す必要は認めなかったものであります。しかもいそがしい季節にはいると、使うことがないのですみの方へ片づけておいて、おりおりは忘れてしまうこともありました。これを改めて仔細に味わおうとするには、心ある人たちの内部からの援助を求めなければなりません。普通の話し家にあつらえておいても持ってこないのです。それを捜し出す方法が、今はまだないのであります。

私はこの一つの難関を乗り越えるために、今までにもいろいろの方法を試みました。たとえばそういうなつかしい昔話の、数多く潜んでいるらしい家々の娘たちの群れに、その感動の最も深そうな年ごろを見はからって、昔話が以前どれほど大きな女子教育を、なしとげていたかを説いて歩いたこともありました。しかし彼らの現在の夢は、あまりにも異なった絵具でいろどられておりまして、もう笑うより以外には昔話の古い趣を味わうことができません。あるいはまた今日田舎に最も数多く伝わっている昔話を集めて、小さな手帳を作って若い人たちに分けたこともあります。これを見ていくうちには幼いころの記憶がよみがえり、思わず私も聞いたと書きつけてくれるように、白紙の部分を添えておいたのであります。これは少しずつ利用している人もあるようですが、まだ少しもわれわれのところへは戻って来ません。この次にはどうしても忘れてしまってはならない数十の昔話の名だけを、せめては桃太郎、舌切雀の程度に、言葉として国民の間に保存させるために、簡単な昔話名彙《めいい》ともいうべき本を、こしらえておきたいと思っております。

『昔話と文学』と題したこの一冊の文集も、実はそういう企ての一つにすぎません。採集という事業は、それ自身がある興味をもっておりますが、通例は数を貪《むさぼ》り、または人の知らない珍しいものをという欲が伴いまして、時々はうそ話にだまされ、またはわけもない笑い話に執着したりします。これにはかねて私が説いておりますように、何のために昔話を集めるか、集めてそれをどういう目途に、利用しようとするのかを、明らかにしてかかる必要を感ぜずにはおられません。昔話が大昔の世の民族を集結させていた、神話というもののひこばえであることは、大体もう疑いはないようであります。したがってもし方法をつくすならば、この中からでも一国の固有信仰、われわれの遠祖の自然観や生活理想を、尋ね寄ることは可能でありまして、これを昔話研究の究極の目途とするのは、決して無理な望みとは申されません。ただ現在はその準備がはなはだしく不十分で、たとえば日本などでは神代史の厳粛な記事を、平気で昔話の列にさし加えたり、または神話と童話とを混同してしまった人も多く、いかに複雑な過程を通って、神話が昔話となり、また退縮して童話とまでなってしまったかを、考えてみたこともないらしい人が、こういう問題に触れようとしているのであります。世界のあらゆる異民族の間に、しばしば説話の争えない一致と類似とがあることは、ほとんど神秘ともいうべきわれわれの驚きでありまして、それがまたこの研究の強い刺激であることは事実ですが、そこへ進んでいくためにも、あらかじめまず眼前の状態を詳らかにし、こうなってしまうまでの一歩一歩の足どりを、おおよそは知っていなければなりません。国の内外の昔話採集が、今の三倍にも五倍にも加わっていくということは、むしろこのために入用なのでありまして、これをあらかじめ神話学などの名で呼ぶことは、よっぽど言葉の用法に大胆な者でないと、実はまだできない芸当なのであります。

そうすると第二段に、何をさしあたりの楽しみにして、人に昔話の保存を勧めるかという問題になりますが、私はちょうど世の中の二度三度の変わり目に際会して、政治以外のあらゆる文化の、久しい未決着に悩まされた者でありますゆえに、できるだけこれを生活の疑問の解決に、応用してみたいと念じ、またそういう希望をもつ人の他にも多かるべきを信じてもおります。昔話を中心にした民間の多くの言語芸術は、常に今日いうところの文学と相剋しております。人に文字の力が普及して、書いたものから知識を得る機会が多くなると、それだけは口から耳への伝承が譲歩します。小児か文盲の者かが主たる聞き手ということになれば、彼らの要求はまた新たに現れなければなりません。一方にはまたその古くからのものを排除してしまった空隙には、ちょうどそれにはまるような文学が招き入れられるのであります。一口に言ってしまえばただこれだけですが、それには時代もあり土地、職業の変化もあって、この文学以前とも名づくべき鋳型は、かなり入り組んだ内景を具えておりました。それへ注ぎ込まれたものの固まりであるゆえに、国の文学はそれぞれに違った外貌を呈するのではないかと私などは思っております。何べん輸入をしてみても文学の定義が、しっくりとわが国の実状に合ったという感じがせぬのも、そうなれば少しも不思議はありません。単なる作品の目録と作者の列伝とをもって、文学史だといってがまんをしなければならなかったのも、原因はあるいはこういうところにあったかもしれぬのであります。テキストの穿鑿《せんさく》に没頭するこのごろの研究法というものに、私たちはちっとも感心してはおりませぬが、それをひやかすことはこの書物の目的でなく、もちろんまたわれわれの任務でもありません。本意はむしろ文学の行末を見定めたいという人々に、できることならば明瞭にまた手軽に、今まで積み上げられたものの輪郭をお目にかけたいためで、それにはいよいよ昔話の採集を、広く全国のすみずみに届くように、我人ともに心がけなければならぬということを、実例によってお話がしてみたかっただけであります。

二、三の外国学者の著述を読んでみますと、この類の文章は最初から読者をその道の人だけに限定しているように見えます。一々の昔話の筋を細かく述べ立てることは、むだだと思いまた玄人《くろうと》の退屈を恐れた様子で、必要の痛切なもの以外、努めて原話を引かないようにしております。私も最初はそれにかぶれておりましたが、日本はインテリの間にあまりにも昔話が疎《うと》まれておりますゆえに、それでは通用しないであろうということを感じて、後には少しずつ態度をかえました。この一冊の中でも、読者の想定が篇ごとに食いちがっておりますのはそのためで、始めのほうがことに理窟っぽいようであります。それで注意をして昔話の索引というのをこしらえて、巻の終わりに付けることにいたしました。それを一通り見て下さるならば、たぶん読者はにがい顔はなされぬことと思います。あるいはこの中の最も親しみの多い題目から読み始めてくだすっても結構です。放送の二篇はことに年若な、優雅な人たちの聞いておられることを予期して、できるだけ言葉を平明に話しました。衆とともに楽しむことができぬようであったら、私の労作は実に無益だからであります。

柳田国男

昭和十三年十一月二十九日

竹取翁

一

去《さん》ぬる七月二十四日（昭和八年）の夕、富士山の頂上から、「霊山と神話」という題で私の放送したのは、この竹取翁《たけとりのおきな》の話であった。時間その他の都合で言い残した点がなお多く、またあのままでは皆様の批判も承りにくいので、今とても決して完全ではないが、もう一度考えなおしてこれを文章にして保存することにした。

最初に私の意見の要点をまず掲げると、富士登山史の上で最も大切な一つの古記録、すなわち『[1]本朝文粋《ほんちょうもんずい》』巻十二の「富士山記」の中に、

またその頂上に池を匝《めぐ》りて竹生ふ。青紺柔愞《じうぜん》云々。（原漢文）

とある一節は、はたしてこのお山に登って実見した者の筆、もしくはその談話によったものであるか否かという問題に対して、新たなる一つの答えがありそうだということに帰する。私はこれによって、今ある『竹取物語』の性質を明らかにし、同時にこの一篇の文学

ると、富士の信仰とのやや間接なる連絡を、見つけ出すことができるとも考えているのである。

右の「富士山記」の珍しく詳細な記事を、文字どおりに事実として受け入れえずに、改めて問題とするには一つの理由がある。この記の作者都良香《みやこのよしか》は、元慶三年に四十六歳で没した人である。そうしてわが国の永い歴史を通じて、ちょうどこの人の生きて働いていた時代ほど、富士山の噴火の激烈であったことは他にないのである。あるいは生前の天長初年の爆発よりも以前の見聞を、遅く聞いて書き取ったのではないかと、思う人もあるか知らぬが、貞観年中の御山荒れは、この筆者もよく知っている。現に右の一節のすぐ前にも、

その頂《いただき》の中央は窪《くぼ》み下りて、体《かたち》炊甑《すゐそう》の如し。甑《こしき》の底に神《あや》しき池あり。……またその甑の中に、常に気ありて蒸出す。その色純《もは》らに青し。その甑の底を窺へば、湯の沸き騰《あが》るが如し。それ遠きにありて望めば、常に煙火を見る。(原漢文)

とあって、それからあの竹の記事には続いているのである。当人が自らこれを目撃しなかったはもちろん、記事もまた二つ三つの話を、綴り合わせたもののように思われるが、いずれにしても今日の常理をもって、信ずべからざるものを信じていたことは事実である。以前もこの点に疑いを挟む者はすでにあった。たとえば『甲斐国志《かいこくし》』の編者のごときは、この竹は苔の誤りであろうと考えている。しかし明らかに竹とあるものを、苔と読もうと

することがすでに無理であるのみならず、苔ならばこの煙火沸騰の峯の上に、生育していたろうということもなお想像しにくい。今日のお山はいたって静かであるが、それでさえ硫黄《いおう》の気が強くて、あらゆる植物の青く柔らかに茂ることを許さぬのである。

そうするとこの「富士山記」の竹は、虚構という以外に解しようはないかというに、私などはそれは今風の物の見方であって、あの時代としてならば、別に合理的な説明がいくらでもつくと思っている。富士は最近二、三十年の前までは、かなり厳峻なる一定の条件をふんだ者でなければ、登って行くことができぬ山であった。しかもその道者が先達《せんだつ》に誘われて、群れをなして登ったのも富士講以後のことで、もう一つ前になると代願代参、すなわち限られたる特殊の宗教家に、身に代わって精進《しょうじん》さえしてもらっていたのである。こういう行者《ぎょうじゃ》たちの登山のしかたには、いろいろの様式があったように思われる。普通は高い杖をつき、一枚歯の足駄などをはき、雲を踏んで上下したごとく伝えられているが、あるいはまた北アジアの巫覡《ふげき》と同じく、わが体はここに置いて、心のみ自由にかの山に往来することを、一種の登山と認めていたかもしれぬのである。わが国では聖徳太子、甲斐の黒駒に召して、三日をもって大和より行き通いをなされ、役《えん》ノ小角《おづぬ》は身伊豆の島にありながら、夜ごとに海上を歩して富士の峯に往来したということが、早くより語り伝えられている。こういう人々の幻覚は、語られまた信じられた。その信仰の支持があるかぎり、これを個人の私の事実とは見ることができなかったのである。

すでに公の記録の中にも、この時代の一般的幻覚を、認めた事例がいくつかある。たとえば貞観《じようがん》六年の大噴火があった次の年の十二月、甲斐の国司は北の麓から富士山を望み見て、頂上に目もあやなる石の神殿が、建ったということを報告している。

仰ぎてこれを見るに、正中の最頂に社宮を飾り造り、垣四隅に有り。丹青の石を以て其の四面に立つ。石の高さ一丈八尺ばかり、広さ三尺、厚さ一尺余なり。立石の間相去ること一尺、中に一重の高閣有り。石を以て構り営み、彩色の美麗言ふに勝《た》ふべからず。(原漢文)

とあって、石の寸法まで近よって見たように、詳しく記してあるのはやはり巫祝《ふしゆく》の言であったろう。たとえ山焼けのまったくない年でも、とうてい人間の力ではこういう造営はできない。それから今一つ十年ほど後に、やや似た事件が駿河の側にもあったことが、「富士山記」の中に載せられているが、これはまた一歩を進めて、多くの人がともにまぼろしを見たというのである。

また貞観十七年十一月五日、吏民《りみん》旧によりて祭を致す。日午に加へて天甚だ美《よ》く晴る。仰ぎて山の峰を観るに、白衣の美女二人あり、山の巓《いただき》の上に双《なら》び舞ふ。巓を去ること一尺余土人共に見る。(原漢文)

とあって、まずある一人が見えるというと、ただちに居合わせた他の者が似たる幻覚を起こし、その伝播には語ってこれを聞き信ずるというだけの間隙すらもなかったのである。後代「羽衣」の能芸中に幽かに痕跡を留めている駿河舞《するがまい》の姿が、これと脈絡を引くというまでは証明しがたいにしても、もしも人間の空想が虚無を素材として、自由に構成せられるものでないとすれば、これらの二大事件にもまた無意識の根拠はあったろうと思う。それと同様に霊山頂上の御池の岸に、青々と美しい竹が茂っていたという報告のごときも、これを見たという者と、聞いてさもあらんと思った者と、双方の心の奥に何物かの予識があって、それがこの事実の公認に、小さからぬ力を供したのではなかったろうか。私の「竹取翁考」は、実はこういう新たなる疑いを解かんがために、試みられたる一つの研究の過程にほかならぬ。

二

今ある『竹取物語』には、伝本のさして古いものはないということであるが、偶然に『源氏』の絵合の巻の中に、これに関して費やされたる数語が、ほぼその内容の一部分と合致している以上は、はしばしの書き替え写し改めは別として、大体こういう形の文学が、あのころはすでにあったと見るのほかはない。日本の民間説話の研究にとって、これは相応に重要なことである。もしもこの物語が在来の昔話によって、これを敷衍《ふえん》し修飾し、震《しん》旦仏土《たんぶつど》の書物にある趣向を加味し、もしくは力の入れどころを脇に遷して、変化のおもしろみを新たにせんとしたのだという通説が動かぬものとすれば、少なくとも紫式部の世盛り以前に、その昔話はすでに広く行われ、かつややありふれたものになっていたという結論にもなるからである。実は私などはこれをそう古いものとも考えていなかった。かりに絵合の巻の偶然の傍証、「阿倍のおほしが火鼠のおもひ」だの、「車持《くらもち》のみこの蓬莱《ほうらい》の玉の枝」だのという文句がなかったならば、あるいは誤ってこれをもう少し後代の、同名異種の作品と解していたことであろう。『竹取』の文章はたいそう古体だという話もあるが、そういう鑑定術は私などの理解の外である。他にいろいろの確かな尺度があるわけでもなく、むしろ古いと聞いているために、そういう風に感じられるのかもしれない。人の名前がきわめて写実だというなども当てにはならぬ。それが実録でも逸話でもないかぎりは、かえって時を隔ててから、案出せられたという推測に便なくらいである。しかしいずれにしたところ文献の反証によって、今日はすでに年代の下の区切りがまずきまった。すなわちこの文学の台になった一つ以上の説話は、あのころはすでに昔話化してしまって、もはや原形を固守しまた信受しようとする者もなく、自由に才能ある者の作為をもって、これをあのような笑話の程度にまで、変えて語ることをさえ許されていたのである。説話が国民の知能と信仰の推移によって、しだいにかく変わるのはいずれの国へ行っても同じで、私たちはただそれが日本で、意外に早かったことを感ずるのみであるが、世にはまだまだこの顕著なる時代差を認めずに、今なお童話の中からでも、国固有の神話が探りえられるように、説いたり思ったりしている人があるのである。そういう学者には、これは非常に悲しい発見であるだろうと思う。

『竹取物語』が純然たる一個の創作でなく、世にある説話を採って潤色したものだということは、もう何人かの注釈家の言によって、これを否みうる人はなくなっていることと思う。今日問題にしてよいのはその筆写の働き、すなわちいずれの部分が新しい趣向の添付であり、どこがその時代にすでに行われていたものの踏襲であったかの境目いかんであろうが、作の表面に現れているだけのものは、これを判別することもさまで困難ではない。比較的面倒なのはその新しい叙説法によって、わざと置きかえられ、またはすみのほうへ押しやられてある部分が、前にはどういう形をもって行われ、またどれほどの重要さを持っていたろうかを知ることである。幸せなことにはこれにはわずかながらも旧記の資料があって、一見やや奇に過ぐるわれわれの推測の、広い空隙に飛石を配ってくれる。その中でも私の考察の路筋を開くために、最初に見ておきたいのは富士山との関係である。物語の竹取翁の舞台はどこことも記してないが、大和の京を去ること遠からぬ里であったようにとれる。富士はただ終わりの段に、「何れの山か天に近き」という仰せ言があって、初めて駿河国に朝家の御使は下るので、見ようによってはこれはただ一つの、新しい思いつきとも考えられる。山の名と絶えぬ煙の由来を説く最後の条は、通例は説話の特に重要とする部分であるが、この物語のごときは各段の終わりごとに、少々うるさい程度に、「それよりして何々とは言ひける」をくり返しているのだから、ここにばかり格別の力を入れたものと言うこともできない。ことにこの一篇と最も縁が深く、時代も近かろうと思う『今昔物語』の竹取翁譚の中には、少しも富士山との交渉は述べてないのである。したごうて当初作者の採用したあの時代の説話に、すでに霊山の背景を具えていたということは、この方面から推測することができない。手がかりはむしろこの文芸作品よりはるか時おくれて、文字になっている二、三の資料にあると思うが、それにはまずこれが多くの註釈家の考えたように、もっぱら『竹取物語』の追随であり、もしくはその感化を受けた新作のみであったかどうかを、決定してかかる必要があるようである。

『本朝神社考』の著者林道春が、駿府で見たという『富士浅間縁起《ふじせんげん》』の説は、大体に『詞林采葉抄《こしりんさいようしょう》』に載せている「富士縁起」を承けているかと見えるが、細かに比べてみると、これとても単なる記録の転写ではないのである。現代の編集事業とは違って、文書の利用はもとはそう容易でなかった。それよりももっと手近でかつ普通な口の言い伝えが、機会のあるたびに採録せられることは、縁起の類においてはことに自然であったろう。とにかくこの新旧二種の縁起などは、まるまる『竹取物語』の存在を知らぬ者でも、書くことができたと言いうるだけでなく、むしろ物語をよく読んでいたならば、こうは書けまいと思うくらいの別伝であった。前者と共通するのは単に竹の節の間に照り耀《かがや》く少女を得たということと、至尊がその名を聞こし召して、みずから御妻問いをなされたという二つだけで、その他には彼から採った何一つもなく、しかもまた久しくこの山下の里に住んで、後に頂上の金崛《きんくつ》に隠れ入ると称し、富士との因縁はいちだんと濃《こま》やかになっているのである。次に『海道記』[3]の筆者が旅の道すがら、目の前にこの高峰の雲を仰ぎ望んで、昔来てここに遊んだという仙女を想い起こし、それから引き続いて赫奕《かくや》姫の、天に帰りし故事を説いているのも、私には大きな意味があるように思われる。もとよりこの旅人の記憶の中には、都に行われていた『竹取物語』があったでもあろうが、もしそれだけが資料であったならば、あの鶯の卵から身をかえたという、鶯姫の名は生まれてこなかったろう。この文の中にある三首の歌は、終わりのものが筆者の自作、前の二つは『竹取物語』の文芸を、そのまま承け継いだ証拠のようにも認められているが、それにも自分などはなおいささかの疑いがある。

今はとて天《あま》の羽衣《はごろも》着るときぞきみをあはれと思ひ出でぬる

この一首のみは、巻中の他の諸詠と歌がらもやや異なるように感じられるのみならず、今見る『竹取物語』の筋とも十分に合致していない。そうして物語には「着るをりぞ」とあるが、「時ぞ」のほうが吟詠に適するように思われる。少なくとも当時一方の記録の古文芸と併行して、別にこの歌などを中心とした、一つの民間の伝承がなおあったのではないか。こういう想像をめぐらしうる余地は十分にあるのである。

三

いわゆる羽衣の説話が、この『竹取物語』の結構に参与しているということは、誰が言い始めたともなく、今ではもう通説のごとくなっている。私もたぶんはそうだろうと思っているのだが、現在の証拠だけでは、まだ決して安全とはいえないのである。別に考えてみなければならぬことは、富士を背景としている駿河国の海のほとりに、かつて今ある能の舞の「羽衣」より、もっと「羽衣」らしい神婚の古伝が、歌でなり舞の形でなり行われていて、それが文芸の『竹取』との間に、橋渡しをしたのではないかということ、いま一つはこの羽衣を「着る時ぞ」の歌が、もう少し適切に代表しうるような語りごとが、一度は流布していたことを文献のほうからも、推断していく道はないものかどうかである。容易な業ではあるまいが、不可能とも私は思っていない。最近五、七年の昔話採集事業はかなり進んだ。これが一つ一つの新説の資料となっては、いたずらに研究を混乱せしめる懸《け》念《ねん》なしとせぬが、その自然の綜合は、すでに古文学に対する鑑賞の態度を、改めてもよい時期に到達しているのである。

現在わが国に分布する羽衣説話、もしくはある地ある家の伝説として残っているものは、その様式がかなりいちじるしく一致している。私はかりにこれを近江式、または伊香刀美《いかとみ》系と名づけておいてよかろうと思っているが、白い犬を遣わして盗ませたというやや奇異なる一条を除いては、沐浴《もくよく》する神女の羽衣を取り隠して、押してこれを娶《めと》ったという点は大体に共通している。したごうて後日その羽衣の隠し場所を発見すると、妻はさっさとこれを着て帰ってしまうのである。こういう人間の智慮計略を理由としたものが、霊界婚姻譚の最初の形であった気づかいはない。すなわち幸運の空想としては奇抜でおもしろいけれども、しかも信仰の側から見るといくぶんか冒瀆のきらいある説話の形が、これには早くから現れているのであった。単にある地方の風土記逸文とおぼしきものに、これが録せられているゆえに古いというのではない。この同種の話し方の全国的なる分布は、とうてい短い歳月の間になしとげられるものでないからそういうのである。『[4]伯耆民談記《ほうきみんだんき》』に見えている羽衣石山《うえしやま》の古伝もしくは打吹山の由来と称するものは、八人の天女が白鳥に化し降ったということもなく、また白犬を遣わして末の姫の衣を盗ませたということもなく、ただ一人の美女が石の上に衣を乾かすを窺い見て、これを箱の中に取り隠して乞えども返し与えず、ついに夫婦となって二子を生ましめた。後に天人はその子を欺いて、箱を開き衣を取り返し、これを着てたちまち杳冥《ようめい》の空に昇り去るとあるのだが、これは京都がまだ近いから、あるいは『帝王編年記』の記事を知って、借用したように思う人がないともいえない。そうは見られぬのは沖縄の島に、今も村々の昔話として、もしくは名門の母方の系図として、いくつともなくこれを伝えていることである。以前『海南小記』の「南の島の清水」の章にもその一例は述べておいたが、これなどはいよいよ余呉湖《よごのうみ》の八乙女《やおとめ》の話には遠く、伯耆の羽衣石山に今説いているものに近い。天女の生んだ姉の娘、弟の守りをしながら子守唄をうたっている。それに耳を傾けると飛衣《とびぎぬ》は稲倉の奥に、六股の倉の稲の下に、隠してあるということがわかったので、急いでそれを取り出して、身に着けて天に帰るのである。これとおおよそ同じ説話が、喜界島《きかいがしま》にもあることは、このごろになって報告せられた。天女の生みの子は伴われて天に昇り、もしくは送り返されて最高の巫女の祖になっている。母と子の縁は長く絶えなかったけれども、強いて婚姻した夫はなお仇であった。これがために「今はとて云々」の和歌を、留めておくまでの情愛はまだ認めることができぬのである。

四

この伝承が南の島々に入っていったのは、ずいぶんと古い世のことであったらしい。沖縄ではいわゆる茗苅子《みかるしい》の祠堂があり、『遺老説伝』には詳らかにその根原を記しているのみならず、『球陽』にはまた三つの土地の伝説として、同じ昔語りを採録している。島の人々の感覚では、これを外から学んだものとは思えないであろうが、偶合でない限りは必ず運搬がいつの時にかあったのである。東日本のほうにも、これとよく似た形のものがやはり分布している。信州などでこれを駿河の三穂松原の昔話だと伝えているのは、あるいは謡曲の感化かもしれないが、内容はとにかくにこれを踏襲してはいない。『[5]小県《ちいさがた》郡民譚集』の録するところによれば、漁夫はこの海辺に八人の天女の水に浴するを見て、その一人の羽衣を取り隠して欺いてこれを娶った。後に一児を儲けてやや成長したころに、はからずその羽衣の所在を知って、その児が父の秘密をしゃべってしまった。そうすると母はさっそくそれを着用して、帰っていったというまでで話は終わっている。長い年代にわたってこういう一種の様式が、わが国の羽衣説話を統一していたことはほぼ明らかで、これだけから見ると他の外国の白鳥処女譚などとは、かなり行き方の違ったものになり、総括して『竹取物語』の根原が天人女房説話にあるという説を立てることは、いっそう無理のようにも考えられるのである。

しかし私などの意見では、これはただ変遷の一つの段階にすぎない。いかに分布が広く、またその出現の時が古かろうとも、最初から日本にこの形をもって存在したものとは思われぬのである。しからばその一つ以前にはどんなであったか。また少しでもそれを証明する手段が、はたしてあるかというと、私はあると答えうる。もちろん断定を下すまでには、なお多くの精確なる採集を要するが、今ある類例の比較だけからでも、若干の暗示は求むるにかたくないのである。たとえば奄美《あまみ》大島の南部、焼内《やきうち》村の山田という部落で採集せられた一話などは、ちょうど喜界島と沖縄との、まん中に位する土地であるが、これには近江の余呉湖の記録以上に、犬が出て一役を持っている。印刷になっておらぬゆえ、やや詳

しく述べると、

この村の山奥に、周り三町ばかりの、昼なお暗き池がある。昔このあたりに一人の翁住し、クロという犬を飼うていた(『帝王編年記』のほうは白犬とある)。ある夜、音楽の音を聞いて池の岸に行ってみると、松の枝に飛衣というものが引掛けてあるので、それを取って家へ帰って来た。池の水に浴していた天女は、飛衣を取られて歎き悲しみ、翁のあとを追うて来て煙草を求めた。翁はこれをわが家に留め、妻となして三人の子を生ましめた。ある日その二番目の子が末の児の子守りをしつつ、泣くな泣くな、泣かぬなら粟倉を開けて、飛衣を出して与えようと歌うのを、母の天女が聞きつけてその衣を見出し、これを着てその二番目の子を頭に載せて天へ飛び帰った。その折に末の子も手を引いて連れて行こうとしたが、重いので仕方なしに後に残した。父の翁はこれを知って愛慕の情に堪えず、急いで千足の草履をこしらえて、それを踏んで天に昇って行こうとしたが、千足と思った草履は九百九十九足で、一足足りない。そうすると小犬のクロが、私がその草履の代わりになろうというので、一疋の犬と九百九十九の草履とに乗って天界に昇った。一番の夜明け星になったのはその翁、二番の夜明け星はその犬といったような由来談が後に付いている(『地方叢談』)。

犬と羽衣との交渉ということは、確かにまた一つの手がかりである。ひとり近江の古記録に載せられているのみでなく、かの新旧二種の「富士縁起」の中にも、箕作《みづくり》翁の妻は犬を飼い、後に犬飼明神と祀られたということが、やや突兀《とっこつ》として掲げられている。昨夏刊行せられた『天草島民俗誌』[6]を見ると、あの地方の七夕の由来譚は、よほどわれわれが書物で学んだものと異なっている。棚機《たなばた》様の御亭主は犬飼様といって養子であった。聾《つんぼ》で仕事が下手で、おりおり棚機様に叱られたなどといい、あるいはまた棚機様がきらって逃げて行こうとなされたので、その羽衣を取り隠して土の中に埋めておいた。それを棚機様が畑打ちの際に見つけ出して、すぐに着用して天の川を飛び越え、逃げて行かれたなどともいうそうである。南九州の他の村々を尋ねてみたならば、あるいはこの方面からも以前の言い伝えの一つが、おいおいと明らかになってくるかと思っている。しかしただ今のところではまだ資料も乏しく、またあまりに『竹取物語』との縁が遠くなるから、この点はまずこれまでに留めておく。それよりも珍しいと思われるのは、天人が煙草を請求したという一条である。新たなる挿入には相違ないが、これには深い仔細があった。これも南方の島々において最も有名な昔話の一つに、母が最愛の一人娘を失って、毎日墓に参って歎き悲しんでいると、見なれぬ一本の草が生えてきた。煮て食べてみるとにがくて食べられなかったが、管につめて煙にして吸うと、恍惚として深い憂いを忘れた。それが今日の煙草の起こりだというので、つまり島に生まれた女たちが、異常の愛着を持つこの特種の植物をもって、置き換えられたる忘草説話であった。これが奄美大島の羽衣談の中へ、織り込

まれているのには理由がなければならぬ。それを私は『竹取物語』の終わりに近い一節の、

ふと天の羽衣うち着せ奉りつれば、翁をいとほしかなしとおぼしつることも失せぬ。

もしくはこれを敷衍した前段の文に、

衣着つる人は心ことになる也といふ。物一言いひ置くべきことありけり。

とあるのと、関係があるように考えている。すなわち天の羽衣は霊界の心意を脱ぎ去って、人間社会の世の常の情愛に、身を託すべき重要なる契機であるように、語り伝えられていた説話の痕跡が、かれにもこれにも偶然に保存せられていたので、必ずしもこれがある一人の作者の、新たなる思いつきではなかったことがわかってくるのである。

五

これは必ずしも根拠のない推測ではない。一つの例証は前に掲げた伯耆羽衣石山の昔話であるが、これも民間に伝承していた形は、幾分か史籍の録するところと異なっている。近ごろの『因伯昔話』に採集せられているのは、天人が農夫に羽衣を取られてしまうことは同じだが、その後で一つの夢を見たことになっている。

しばらくの間人界に住め。何年かの後に白い花の咲く蔓草の下で、子供に救われるだろうと夢の告があって、それからまったく天上の事を忘れてしまう。そうして偶然にその農夫の家に来て夫婦になり女の子が二人できる。二人の娘は音楽が好きで、また舞が上手であった。親子三人で倉吉の神坂へ遊びに行ったときに、何も知らずその羽衣を持って行った。姉の娘がまずそれを着て舞い、妹も次にそれを着て舞った。そのあとで母親が試みにその羽衣を着てみると、たちまち人間の心を失うて天上に昇る気になった。そうしてそこには夢の告のごとく、井の上に夕顔の花が白く咲いていた。二人の娘が楽を奏したゆえに、今にその山を打吹山というのだとある。

この話はたぶん打吹山の周囲でいうことであろうが、近ごろの作り話でないことだけは、まず信じてよいと思う。たとえば井の上の夕顔の花というような、一見何でもないものに類型があるからである。遠くかけ離れた青森県の昔話に、「天さ延びた豆の話」というのがある。これも大要を抄出すると、

昔天人が飛ぶ着物をぬいで、沼に下りて水を浴びていた。一人の若者がそれを拾って隠したので、天人は仕方なしにその女房になり子が生まれる。その子が泣いて困るときは、いつもある松の樹の下へ来ると奇妙に泣き止むということを、アダコ（子守

女）が母に教えてくれる。それでその松の樹の下を掘ってみたところが、以前の飛ぶ着物が隠してあった。これを着てみると身が軽くなり、また天に帰りたくなった。アダコにはお礼に一粒の豆をくれる。この豆粒を流しの下さ栽えておけ。大きくおがったらば（成長したならば）それに伝わって天さ昇ってこいと言って、天人は帰ってしまった。アダコは言いつけられたとおりに豆を播き、その子供を育てて待っていた。豆が大きくなったのでこれに伝わって、子供と二人で天に昇って行ったという（『津《つ》軽《がる》昔ご集』）。

天まで届いた植物という話は、越後八石山《はちこくやま》の豆の木を始めとして、諸国に数多く残っているが、今ではたいていは誇張笑話、すなわち私たちのいう大話《おおばなし》に化し去り、過半はまた羽衣との繋ぎが切れている。しかし人間の若い男が、これを攀《よ》じ登って天上へ聟入をしたという例も、集めればまだ六つや七つはあるのである。だから伯耆の打吹山の夕顔なども、かつては神女の子孫として誇っていた家が、先祖はこの梯子によって天と往来していたことを、説いていたなごりとも見られぬことはない。ただそれが当面の『竹取物語』と連絡がないゆえに、詳しくこれを説く必要がないだけである。考えてみなければならぬ点は、多数のわが国の羽衣説話が、早くからこうした謀計と発覚、予期せざる幸運というがごとき、やや探偵物風なるでき事を普通のモチーフとしていたにもかかわらず、今なおその背後からもう一つ以前の形、すなわち過去忘却という意味の深い人間事実を、趣向に採った説話が、ちらちらとその片鱗を示していることである。『竹取物語』においては天界の飛び車が、羅蓋《らがい》をさしかざして姫を迎えに来たとあり、これを記憶していたかと思う『海道記』の美文中には、全然羽衣の有無をさえ記していないくらいであるのに、なおその間に「今はとて天の羽衣」の一吟を挿んで、これを説話の中心としているのは、残留でなくて何であろう。だから前代の文芸は、今一段とその素材を分解してみた上でなければ、そう容易には創作家の才能を讃歎することはできない。古いころの文人および読者にとっては、口で無筆の者が語りはやしていることを、文字にするというだけでも一事業であった。当代の小説作者たちの、無断借用とはわけが違っている。自分のものでないということが、恥だとまでは思っていなかったからである。

ただし以上の発見をもって、私は日本の羽衣説話の、本来の形をとらえたというのではない。永い時代の変遷から見ると、これもまた一つの段階にすぎなかったのみならず、その変遷は必ずしも歴史教科書のように、全国を明白なる時代層には分けていなかったゆえに、土地の事情によってはいまだ改まらざるものが、しばしば隣を連ねて相比べることを許したのである。「過去の忘却」をもって主たる動機としなかった話も、確かにまた痕跡を留めている。たとえば陸中の綾織村において、村の光明寺の古い曼陀羅の由来として、言い伝えているものなどもその一つであった。『聴耳草紙《ききみみそうし》』[8]の第十一章をここに引用する

と、

ある若者が七ッ池の巫女石《みこいし》の上で、美しい羽衣を見つけて、腰籠《こしご》に入れて持って帰る。朴《ほお》の葉で裸身を蔽うた天人が尋ねて来て、それを返してくれと頼んだが、あまり美しい物だから殿様に献上して、今戻って来たところだと嘘をつく。（そうして後には実際献上したと話している。こういうあたりに新しい形の感化がありそうである）。天女はせん方なしに、三人役ほどの田を貸してもらって、それに蓮華《れんげ》の花を植える。そうして巫女石の近くに笹小屋を建てて、蓮《はす》の糸を取って来てその中で毎日機《はた》を織っている。その小屋の中を決してのぞいてはならぬと堅く戒めていたにもかかわらず、ある日若者がそっと隙見《すきみ》をしたところが、梭《ひ》の音ばかりしていて天女の姿は見えなかった。その内にマンダラというみごとな布が織り上げられる。これを女の勧めで殿様に献上し、それからお目見えをすると類《たぐ》いのない美人であるゆえに御殿に留められる。しかし天女は物も食わず仕事もせず、黙って御殿にいるばかりであった。そのうちに夏が来て土用干があり、前に若者のさし上げた羽衣も出して乾してあった。天女はそれを見つけるやいなや、すぐに着用して六角牛《ろっこうし》山の方へ飛んで行ってしまい、マンダラだけ残ったので、これを綾織の光明寺へ寄進した云々。

この話なども始めと終わりだけは、やはり国中に充ち満ちた通例の羽衣であるが、その間にはや三つの異分子、すなわち殿様と機織と、機屋《はたや》をのぞくなという戒めとが加わっている。その中で「殿様」だけは、竹取の物語とも関係があるから、後の節で別にこれを考えてみる。残りの二つの点がやはりまた各地の天人女房説話に、往々にして付いて回っている要素なのである。人が天女を妻にした幸福は、実は今までの説話では、まだその内容を明らかにしていない。多くの巫祝祠官の家では、単に家の血筋が天人から、流れ続いているゆえに天と縁が深い、というだけでも満足しえたであろうが、これが昔々のある一人の翁の、身の幸せという話になると、美しい女性というだけでは十分でなかった。それのみならず、こういう厚運に恵まれる者は、もとはなはだしく貧窮なることを常としているのである。竹取の翁が後に同じ竹の節間から、たびたび黄金を見いだしたというのは興少なく、この点はむしろ『海道記』にあるように、姫は鶯の卵の中から、黄金は竹の中にと分けたほうがおもしろく聞かれるが、とにかくにこの例はまだ他にはない。村の聴衆には黄金の富よりも、いまいっそう心を動かされやすいものが以前にはあったのである。丹後の比治里《ひじのさと》の和奈佐老《わなさのおきな》夫婦が、天女を子にして後、美酒を醸《かも》して富を積んだという話は、いくぶんかわれわれの耳にはうとくなっているけれども、なおおりおりはその残形に出逢うことがある。それよりも数の多いのは、その女性が機織に巧みで、あるいは量を豊かにまたは稀代の布を織って、これをもって夫の家を富ましめたという例であるが、これにはもとより羽衣を取って隠したり、だまして家に誘い入れるような、軽薄冒険な相手方でないことを条件としている。語を換えていうならば、いわゆる近江系または和奈佐式の羽衣譚は、実は天女の直接の援助によって、家が富み栄えたという説明とは、始めから調和することができなかった話であった。だから機を織って家を金持ちにしてくれたという話が出ると、もう羽衣を盗み隠した話は引っ込まなければならなかったのである。

六

そうすると問題になるのはこの陸中の一例であるが、これは明らかにその形の上に、過渡期の混乱を示している。話があまり面倒になりそうだから、逆に自分の仮定のほうから先へ述べると、こういう人力以上の巨大なる幸福を、授与せられる理由は早くから変化していた。最初はたぶん隠れたる神意、すなわち凡俗の目にはむしろ意外の極なる者、たとえば貧しい愚かな見苦しい弱い、または何一つなしえないなまけ者などが、かえってその選に当たるように説かれていたと思う。支那の小説などに宿縁とか、天縁とかいったのもこの部類で、つまりは常理をもって測りがたい法則の存在を認めようというのであったらしいが、それがますます信頼しにくくなって、次第にそのばかばかしさを誇張するようになった。第二に現れたのは本人の真の力、何か底に隠れた功績によって、人は省みずとも自然はこれを表彰するというふうな考え方である。今でもよくいう正直爺や孝行息子、心のすなおな貧乏人などから、機敏で頓智に富む道化者《どうけもの》まで、おのおの自分の価値によって大きな福分をとらえたように、おいおいと改まっていったように見える。羽衣を見つけてさっそくこれを隠したなどというのも手柄話の一つかもしれぬが、普通にはこれは相手が鬼や天狗のごとき、いじめてもかまわぬものである場合に限られている。その他の場合ならばたいていは何か一つのよいことをして、それを喜ばれて褒美を受けた形になっているのである。

東日本でおりおり見る天人女房の昔話には、笛吹藤平のごとく、笛の上手であったという青年の例がある。これなどは大神《おおみわ》氏の家の芸と考え合わせて、遠く上代の信仰まではいっていかれる問題と思うが、すでに『桃太郎の誕生』[9]にその片端を説いておいたから省略する。次には書物の好きな若者のところへ、天女が嫁《とつ》いできた話もある。これらは私のいう第二次の動機か、はたまた古い形の少しばかり改まったものか、今はまだ判別することができない。これ以外に竜宮を訪ねて、美しい乙姫を乞い受けてきた話に、あるいは花をささげ薪を贈ったといい、または親を慕うて孝養を怠らなかった者、もしくは物を拾うて正直にこれを返した者などの例があるのは、いずれも人間の幸運譚に、何か常識的説明を要するにいたってから、後の発生と見てよかろう。日本ばかりの現象ではないかもしらぬが、いわゆる動物報恩説話はしばしばまたこれと結合している。人は何とも思わないある一つの小蛇や亀を助けてやると、それが美しい神女の化身であったという類の話は、命を救われた本物の魚鳥が、身を人間の美女に変じて、嫁に来て恩を報いたという話と、ほとんど堺目もつかずに一続きにつながっている。その中でも私たちのいう鶴女房、もしくは鸛《こうのとり》鳥女房の話などは、それがあるいは天人のかりの姿であること、たとえば近江の余呉《よご》湖《うみ》の記録のとおりではなかったかと思うばかりで、いずれも必ず機《はた》を織って、夫の家を富ましめるのである。あるいはその織物を鶴の毛衣《けごろも》であったといい、男がひそかに機屋の中をのぞくと、鶴の姿になって胸毛を一本ずつ喰い取って、織り込んでいたなどともいい、後には裸鶴の伝説とまで展開してはいるが、その女房ぶりのよいことは天女と異なるところなく、しかも相むつびて永く留まっておろうとしていたのである。機屋をのぞかぬという約束の違犯が、たった一つの絶縁の原因になっていることは、多くの神婚説話と共通であった。女房はあやしのわが姿を見られたことを知って、歎きつつ遠く帰っていくので、前代の説話の一つの大いなる感動が、久しくこの点にあったことは今からでも推測しえられる。ゆえに一たびこの感動の中心が外へ移されるならば、説話は当然にその外貌を変えていかねばならぬはずである。

われわれの『竹取物語』が、必ずこの羽衣説話のいずれかの段階を、足場にして立っていることは、ただ一首の歌からでもこれを推断してよかろうと思うが、これによって簡単にその以前の形を察しうることは、今はまだ望みがたい。駿河はかなり古くから、羽衣を取り隠して天女を抑留したという話法の行われていた国のようで、現に『本朝神社考』巻五に、「風土記を案ずるに云々」と引用してあるのも、前に掲げた信州小県郡のと同じであるが、『竹取物語』は少なくともその影響を受けていない。ただどういう原因で赫奕姫《かくやひめ》が、翁の子となるにいたったかを、説明する部分が見当たらぬのである。私はそれもこの本文の間から、いつかは現れて来るものと思っている。多くの読者はそこまでは気がつかずに、あのころの文学ならたいていは唐か天竺から、受け売りしたろうとばかり想像していたのである。ところが案外にこの話は日本風であった。たとえば天人を妻とせずに子として養ったというなども、よその国には例が少ないかしらぬが、まず丹後《たんご》の比治里がそれであった。鶴女房でも甲斐と信濃《しなの》、陸中に存するものは、ともに押し掛け女房であるが、『信達民譚集《しんだちみんたんしゅう》』[10]の鶴沼の口碑では、老人に助けられた鶴が美しい娘になって、尋ねてきて子になったといっている。次に述べようと思う絵姿女房の話でも、出羽《でわ》の黒川村の一つの例だけが、緑児を拾って育てたことになっている。家を長者にするほうが話の骨子で、妻でも養女でも結果には変わりがなかったのである。しかも説話がつぎつぎに成長していく段になると、この相違はついに大きな変化を生じた。かくしてもと一つの言い伝えが、いつとなく別の話になったものと私は考えている。

七

われわれの説話が成長しまた変化していった経路には、口頭も書巻ももとは格別の違いはなかった。説話が耳で聞く在来の文芸から、目で見る文字の記録に遷る際に、何か余分の学問なり技能なりが、働いたもののごとく想像するのは誤っている、ということを私は言ってみたいのである。これは近代の御伽草子《おとぎぞうし》の類を読む人の、おそらくたいていは承認するところであろうが、だいぶ以前に現出して、かつ仲間の少ない『竹取物語』などについては、そんなことをいうのが今はまだ少しく大胆に聞える。しかし文筆の領土がなお狭く、口承文芸の年久しい威力が、いまだ衰えなかった時代にあって、進んで凡俗の題目を取り扱ったとすれば、その拘束はむしろ後世よりも多かったと見なければならぬ。少なくとも何が踏襲でありまた保存であったかを、検めてみるまでは失礼でも何でもないと思う。われわれの興味を感ずるのは、当時一般人の具えていた予備知識とも名づくべきものによって、効果を挙げようとした物語の筆者の態度である。すなわちこの一篇の間において、必ずしも多く力を用いず、淡々として筆を略しているところに、たくさんの昔々が横たわっているらしきことである。この点はなお後にも挙げなければならぬが、大体にすでに世人の知っている事実の上に、新しい物語を盛り上げていこうとしていることは、気のきいた手法と言ってよい。もしそれをしなかったら長たらしくなったのみならず、あるいは作者の狙いどころも人を動かさずに終わったかもしれない。

しからばいずれの部分に、『竹取物語』の文芸としての目途があったか。筆者その人の働きというものは、はたしてどの点に現れているのか。こういう疑問があるなら、私には容易に答ええられる。それは他を捜して類型のない部分、もしも一々捜すのが厄介とあらば、主としては五人の貴公子が、無益に妻問いをして結局は蹉跌《さてつ》と落胆とに終わったという、あのおもしろい五通りの叙述である。これには一つ一つ歌と一種の口合いとが付いていて、目先をかえることに十分の力が用いてある。そうしてこの書以外には、前にも後にもこういう類の話はないのである。私たちはこれを説話の変化部分、または自由区域と呼ぼうとしている。ひとり後代の御伽草子が、その真似をしているだけでなく、口で言い継がれる昔話においても、婦人などの忠実に聞いた通りを話そうとする者のほかに、その場相応の改作と追加とを、かなり巧妙に試みる者があったのである。上古の最も厳粛なる神話時代にも、これはなお認められていた技術だと私は考えている。すなわち赫奕姫に幾人もの求婚者があり、いかなる方法をもって近よろうとしても、徹頭徹尾決して許さなかったという大筋は不変であって、ただそれを例示するいくつかの場合を、話者または筆者の空想の活躍に委ねたのである。これもあまりにおもしろく巧みにできたものは、後には定まった型となって守られ、あるいはそれからまた一つの新しい話が分岐することもあったようだが、原則としては取捨を許されていた。近ごろの例でいうと、小児などの印象を鮮やかにするために、話者の添付する説明にも近いものがあった。ここでいうならば何兵衛どん見たような金持があってとか、この村なら何川のような川の橋でとか、一々比較して聞かせるなどもこの部類であった。あるいは山寺に泊って夜のふけるまでの間に、いろいろの小さな不思議があったり、狐が勇士をだまそうとして、つぎつぎに術をかえて失敗するという類、いずれもことが小さく、またたわいもない部分だけに限るのが常であった。ひとり『竹取物語』の五人の冒険談のみが、これに比べると特に精彩あり、また伝うるに堪えたる好文字であったというまでである。

ただしこの求婚者試験譚の、全部さながらは創作でなかった。その輪廓はかねて描かれてあり、文芸はいわばその内側をみごとに色どったのである。口から耳への授受に際しても、この部分は常に説話者の才藻《さいそう》に期待せられていた。この約束があるために、むしろ変化の興味は深かったのである。姫がさまざまの難題を提出して、問い寄る人々を困らせた話は、『竹取』の場合などは無論よほど誇張せられている。ことに相手の真情と智能とを試みるためというよりも、かえって始めからその失敗と断念とを願うていたというのは、新しい趣向のように考えられるかもしらぬが、これとてもすでに先型はあったらしいのである。『今昔物語』の「竹取翁於篁中見付女児養語」などは、文字に録せられた時が後だと認められているために、必ず一方の文芸の相続なるがごとく、速断している者も多いようであるが、これがもしいわゆる焼き直しならば、こういうふうに変更するはずはない。第一に『竹取物語』の懸想人《けそうびと》は五名、難題の数も五つであるが、こちらは三つであって、それも空に鳴る雷と優曇華《うどんげ》の花と、打たぬに鳴る鼓とを持ち来れということになっている。誰が比べてみたってこのほうが単純であり、また古風であることは認めぬわけにはいくまい。だからこのほうが前の形と、きめてしまうこともできぬけれども、少なくとも並行して別種の話し方の、行われる余地だけはあったものと見てよい。もっともこの『今昔』の一文はやや略筆に過ぎ、あるいは断片でないかとさえ思われるのであるが、なお他の一つの『竹取』との相違は、必ずしもこの求婚者の冒険という部分に、重きをおいていないことであった。それが偶然に保存していた叙述の形が、かえって後代の民間伝承と、より多くの共通のものを含んでいるということは、私たちにとっては大きな意味がある。

八

今ある諸国の天人女房説話にも、この難題提供の一条はしばしば伴のうている。一つのいちじるしい『竹取』などとの相違は、これを課せられる者が多数の求婚者ではなくして、普通にその天女の夫がこれに苦しめられ、妻の力によって初めて救解せられることである。多くの場合には殿様が引き合いに出されている。殿様は天人女房の美しさに動かされて、いろいろの不可能なる命令を出して、それがなしとげられずば女をさし出せというのだが、こちらは天人だから少しも困らず、亭主に援助をして片端からその要求に応じ、最後には殿様を閉口させ、あるいは代わってその地位についたという例さえある。この殿様の難題の出し方が、今でも私のいう自由区域、すなわち説話者の空想の遊歩場になっている。数はたいていは三つであるが、答えさえ何とかおもしろく付けば、どんな奇抜な難題を出したといってもかまわぬことになっている。しかし実際はそう新しい趣向もないので、ほぼ在来の八種か十種の変化の中から、時に応じたものを選んで、われわれはこれを踏襲していた。そうしてその内には『今昔物語』と同じく、「打たぬ太鼓の鳴る太鼓」を差し出すべしという、難題もまじっているのである。空に鳴る雷をとらえて来いという命令などは、『書紀』の小子部連《ちいさこべのむらじ》の物語にもすでに見えていて、おそらくは無理な注文の最も著名なるものであったろうが、これさえもなお今にいたるまで用いつづけられている。これも陸中の『紫波《しわ》郡昔話』[11]に、「天のお姫様と若者」という見出しで、採録してあるなどがその例である。殿様の難題というのがここでは二つ（第一の難題はマンダラを織ることであったらしいが、前段と混同している）。その一つは灰縄《あくなわ》を千把持って来いというので、これは例の棄老国説話から取ったもの、最後の一つはまた天の雷神を連れて来いというのであったが、そんなことは天人には難題でも何でもなかった。早速箱に入れて持って出る。細目に蓋を開けるとカラカラコロコロと鳴る。もう少し開けるとガラガラピカピカと稲妻まで光り、これはおもしろいと無理にその蓋を全部取り放させると、御殿を揺り動かして大雨が降ってくる。主も家来も頭を抱えて、以後は再び難題は言いかけない。どうか持って帰ってくれるようにと、すっかり降参してしまったという話になっている。つまりこの部分が後々まで、こういう前型ある挿話によって、取りかえ引きかえ潤色せられていたのである。『竹取物語』の文芸的手柄は、そんな古臭い形はまねず、特にこの与えられたる自由区域において、最も自由にその異色を発揮した点にあった。

貴人が絶世の美女を強いて娶らんがために、種々なる難題を言いかけたという例は、やや古いところでは舞の本[12]の「烏帽子折《えぼしおり》」の段に、豊後《ぶんご》の真野《まの》長者の物語として録せられている。娘を差し上げぬにおいては芥子《けし》の種を一万石、きょう一日のうちに奉れという厳命であったが、これは長者が富の力をもって、造作もなくすんでしまう。すると次には蜀江《しょっこう》の錦をもって、両界の曼陀羅を二十尋《ひろ》に七流れ、織ってまいらせることがかなわずとならば、姫を内裡《だいり》に参らせよということで、これはもろもろの仏たちが天降って一夜のうちに織って下されたと記している。この物語は人も知るごとく、後に山路と玉世姫の婚姻譚が繋がっているのであるが、これと同系の現存説話、われわれが名づけて「絵姿女房」といっているものの多くは、いずれも殿様の難題を解決してしまって、その謀計を失敗させており、これと後半分を共通にした笛吹藤平の類でも、やはりこれによって神婚の幸福を完成しているのである。ひとしく難題提出の挿話を伴う天人の説話ではあるが、これと『竹取物語』とは結果において、また方向においてまったく相反する。最初からただ単なる偶然の一致であったか、はたまた何らかの理由があって、一方が後に他のものに変化したか。もし後者とすればいずれがもとであったろうかが、問題とならざるをえぬのである。私の今抱いている意見では、妻問いする者があらかじめその不成立を憂えて、難題をもっておびやかすということは、自然に人の想像に浮かびうるものではない、これは始めに聟《むこ》を試みる話があって、それが自由な改作を許される部分であったために、だんだん変化を重ねて聞く人の興味をひき、後にはこの程度にまで目先をかえたものの、普及をうながしたのではないかと思う。男が最もすぐれた妻を得るために、幾多の艱苦を経なければならなかった説話は、日本でもいろいろの形になって伝わっている。まじめなのは頼政のいずれあやめの類から、機智と滑稽とを詮とした難題聟《むこ》の笑話まで、これも多くの変化の段階を重ねている。このほうがたぶん古い形であったろうと思う。だから『竹取物語』の難題尽しなどは、この第一次の姿を保存しているといってよいのだが、いくぶんか新意を出そうとしていたためか、五人の候補者をしてことごとく落第せしめ、かつやや結末をグロテスクにしている。昔話の普通の型では、最終の一人の成功を花やかならしめるべく、前に来る若干人の行為をわざとおかしくばかばかしく叙述することはあるが、この編の構造にはその結末さえ付けてないのである。ちょうど他の多くの羽衣説話の、最も淋しい破綻《はたん》をその後へすぐに続けている。この点などが民間文芸のあえてせざるところ、すなわちこの作家の作家意識ともいうべきものではなかったかと思う。

九

『竹取物語』に対する私の盲評はこれでほぼ終わった。次にはこれを構成している竹取翁の性質を説いて、もしできるならば富士山との関係を考えてみたいのである。在来の多くの註釈書に対して、私の抱いている不満の一つは、この篇の主人公を後々の小説と同じように、作者の新たに設けなした人物であるごとく、最初からきめてかかっているらしき点である。これはこの種の文芸が生まれた時世が、文字に著さざる数々の説話をもって飽和していたということを考えず、わずか残っている文献のみを見て、その若干の年代の差によって、いわゆる甲乙の系統を説かんとする、方法論の誤りに基づくものと私は信じている。ただしこれをただの水掛け論としてしまわぬためには、あるいは今少しくわれわれの資料の集積する時を待ったほうがよいのかもしらぬが、現在のやや貧弱なる採録だけでも、仔細にこれを省みた人ならば、なお以前の一本調子な態度を、少しは思い直すことができはせぬかと考える。一つの例をいうと、竹取翁の光り輝く養い子を、『海道記』のほうでは鶯姫と名づけており、かつその生まれを竹の林の鶯の卵、子の形にかえりて巣の中にありと叙べてある。これを筆録の年代が後であるという理由だけで、記憶の誤りかまたは書きひがめと決してしまうことは、他に資料のない場合でもなお安心のならぬことであった。鳥の卵から人間の子を得たという伝承はそれこそ竹王の話などよりはるかに数多く、また年久しく東亜には分布しているのみならず、日本でも現に天草島の竹伐爺の昔話には、鶯の卵を三つ拾ってという例も残っている。当時こういう別種の型も、行われていたと見るほうが自然であるのみか、前にも言ったごとく『竹取物語』のほうで姫も黄金もともに竹の節《よ》から光って出たとあるのが、すでに不用意なる改造ではなかったかとさえ推察せられるのである。天女が白鳥の姿で飛び下って水に浴したことは古記にもある。空より通うものが鳥類に身を換えるというのは、誰にも納得しえられる話し方である。だから竹取の翁についても、鳥との関係を目標にして、もっと民間の異伝を捜すべきであった。

次に今までの読者が比較的軽く見過ごしていたのは、この鶯姫のまことに驚くべき成長ぶりであった。鶯の卵から生まれたといえば、無論またずっと小さかったろうが、物語のほうでも「三寸ばかりの人、いと美しうていたり」とあり、それが養うほどにすくすくと大きくなって、

三月ばかりになるほどに、よきほどなる人になりぬれば、髪上げなどさうして（？）云々。

といっている。それがまた末段にいたって、「菜種の大きさおはせしを」ともあるのだから、何だかよくわからぬが、とにかくに始めは非常に小さかったことを高調しているだけは事実である。この三月ばかりで人並になったということが、何げなしに説かれていたはずはない。もしも物語の筆者がこれをよいかげんに取り扱っていたとすれば、むしろ当時その点がすでに言い古されていた証拠にもなるのである。こういう昔話は他にも多く伝わっている。西洋にもプチ・プッセの話などはあるが、日本の一寸法師や五分次郎の話は、ことに際だって詳細に叙述せられ、その起原は遠く少名《すくな》御神《みかみ》の神代まで溯っている。それよりもさらに近代に普及していたのは、川上より流れ下った瓜や桃の実の中に、籠ってい

たという小さ子の説話である。小児は自身がしばしば「大きくなった」という語を聞く者であるゆえに、これが童話と化して後は、かえってこの点に重きをおかぬようになったらしいが、そういうわずかな空隙の中から出た者が、たちまち人間と同じ形になったということは、その出現に劣らざる大事件であった。非凡な大事業をなしとげたり、または長者の家を興したりした神異は、一半はまずこれによって理由づけられていたのである。いつからこういう形をもって話されるようになったか、実はまだ明らかな手がかりはないのであるが、奇妙にこの系統の説話のみは、日本では起こりが古いという推定を受けている。この竹取の物語などこそ、間接に異常成長を要素とした口碑の、上代にすでに行われていたことを証明するものである。

それから今一つ、これもたいして注意をひかなかった点であるが、桃太郎の柴苅爺が比較に登って、初めて明白になるのは竹取翁の社会上の地位である。天が下の老爺は必ずしも常に柴を苅り竹を伐って生活をしてはいない。これはおそらくは老翁になるまで、竹を伐りまたは柴を苅っていなければならぬ人、すなわちいたって貧しい者という意味であったろうが、この心持ちも久しくもう忘れられていた。たとえば『竹取物語』に、

野山にまじりて竹を取りつつ、よろづの事につかひけり。

とあるのを、『海道記』のほうでは早「翁が家の竹林云々」と改めている。家に竹林のあ

るくらいの翁ならば、田地もあり眷属《けんぞく》もともに住んだであろうが、これは本来は野山にまじっていたのであって、それも一つの職業だったと、簡単には考えることはできない。今日でも公共原野の竹や藤蔓《ふじづる》を取って、器物《うつわもの》を作って売っている者は少しいるが、普通の百姓は仲間とはこれを見ていない。まして古代の耕作を根拠とした時代に、そういう誰にでも手に入る物を集めて来て、布や穀類と換えてもらわねばならぬ者の、身分が世間並であった気づかいはないのである。そうすると後々何でもなかったことのように考えられている竹取翁も、実は一つの説話中の、いたって大切な要点であって、これが一朝にして宝の児を見つけ、やすやすと富を積んで長者になったということは、それだけでも大なる驚異であり、すなわちまた永く伝うるにたる事柄でもあった。だから一篇の物語の中では、おそらくこの部分が最も古く、ことによると人が説話をそのままに信受していた時代から、続いて伝わっていたかとも思うのである。

そうしてこの部分はさらに後の代にも逓送《ていそう》せられていた。富士の縁起にこの翁のことを記して、「作箕為業」とあるのも、同じくまた天女を子とし養った者が、始めいたって貧しき竹取翁であったことを意味する。箕《み》は最近にまったくその使用の廃れるまで、ずっと引き続いて貧人の作品であった。いわゆる野山にまじりて生を営む者のみが、これをこしらえて持ちあるいていたことは、箕なおしと称する特殊の部曲《かきべ》の名からでも証明しうる。それがかようにして世にも稀なる長者となったというがゆえに昔話は特に興味が深かったのである。『吉蘇志略《きそしりやく》』およびこれを引用した名所図会《ずえ》の類を読んでみると、木曾にも早くから箕作翁という途法もない大富人の口碑があったらしい。それが童観翁という他の一人の富人と、宝競べをしたという話が、断片となって今も伝わっている。これなどもやはり長者の名が箕作翁であったために、それだけでもすでに聞く人をほおえましむにたりたので、この世の常法をもって推せば、そういう名の長者は存在しうる理由がなかったのである。私は前に昔話の立身譚の説明に、前後二つの段階があって、それがまたおのおの細かく変化していたことを述べた。この分類からいうと、竹取翁のもとの形は、第一期のやや末のほうのもの、すなわち人間にはわからぬ隠れたる法則によって、最も予想外なる者が特に恵まれるという話の、幾分の不信と反抗とによって、少しく笑話風に誇張せられたものということができる。グリム兄弟[13]の採集などの中にも、この程度の説話ははなはだ多いので、むろん神話などというものからははるかに時が降っている。

一〇

日本にこの種類の民間説話が、どれほど広く行われていたかということは、上代に溯ってまでこれを考えてみることはむつかしいが、少なくとも『万葉集』[14]巻十六の竹取翁は、同じ集団の一つの記録、もしくはその断片だといってよかろう。これを全然別途のものと説き、ないしは竹取翁という人名のみは、たまたま彼から思い付いたといっている人もあるが、これもまた文献の残留せるわずかのものをもって、古代史料の一切だと考えてしまった結果である。『万葉集』の竹取翁が説話であったことは、あんな一章の歌の力によって、九人の美しい女性が口をそろえて、「我も依りなん」と返歌したというだけでもわかる。そうしてこれがまたある一人の文士の創作した小説でない証拠には、こればかりの説明では実は前後の状況を解するに苦しむのである。これは当時その背後に、竹取の翁が無上に幸福なる婚姻をしたという話が、かねて一般の智識となって流通していたために、一半をその連想に托することを得て、許多の叙述を必要としなかったのである。そうして九人ではないが八人の天つ少女に逢ったという例は後々まで存し、ただその中で妻か養い子かという点は変化しうる部分であった。『竹取物語』の筆者が無視しえなかった羽衣の説話、もしくは近江の伊香登美《いかとみ》の家に伝わったような説話は、わずかの相違をもってあのころもすでに世に行われていたのである。

そんなら他の一方に、これが後世に至っていかなる結末を示すかと問うと、今日の童話時代までこの系統はなお綿々と残り伝わっている。関西の方では一般に、屁こき爺というちっと尾籠《びろう》な名で知られている昔話が、土地によってはまた竹伐爺の名をもって呼ばれている。北は青森から南は熊本まで、ほぼ間断なく採集せられてあるが、その現存の形は案外によく一致している。つまりは今日の花咲爺が代表しているように、欲深な隣の爺のまねそこないの滑稽に、興味の中心を置こうとしたものであるが、偶然にそのどうでもよい部分に、以前の痕跡を保留していたのである。昔貧乏な一人の爺が、藪に入って竹を伐っている。そこへ出て来たのが地頭殿、または山主とも山の神とも、殿様ともいっているが、末の御褒美の関係から殿様という話が多くなっている。その殿様が竹伐爺を見つけて、そこにいるのは何者か。日本一の屁こき爺でござる。そんなら一つこいてみよという問答があり、珍しい音を出して御褒美を山ともらって帰る。それを隣の爺がうらやましがって、同じ問答をして失敗を演じ、尻を切られて戻ってくる。婆が遠くからこれを見て、爺殿は赤い衣裳を尻にまとうて歌をうとうて帰ってくるそうな。そんなら今までの衣裳はなくてもよいと火にくべてしまうと、実は血だらけになって泣いて来たのであった。それだからやたらに人のまねはするものでないと、などといって小児を笑わせている。瘤取《こぶとり》、雁取を始めとして、この型はわが国にはよく発達している。（そうして花咲爺の後段はたぶん雁取爺とこの竹伐の混成改作であろうと思う）。自分などは中国で生まれたために、この日本一の屁こき爺に、由来譚の付いていたことを久しく知らなかったが、これもかなり広い区域に分布しているのだから、新しい添加ではなかったのである。その最も普通の形というのは、爺が山畠に行って働いていると、一羽の小鳥が来て爺の口の中へ飛び込む。この小鳥の名も土地ごとに違い、またどうして口へ入ったかについても、いろいろの説明ができている。信州南部の一つの例では、爺の弁当の蕎麦《そば》のかい餅に、山雀がくっついてぱたぱたしている。口でなめてもちを取ってやろうとすると、思わずつるつると呑んでしまった

（『旅と伝説』五巻七号）。あるいはあまりにかわいいので、ついうっかりと呑んだともいう。そうして後で腹をなでてみると、臍のすぐ脇にその小鳥の足が、または尻尾が出ていて、それを引っ張るとよい声でおもしろい歌をうたうなどという。要するにすでに完全に児童用のものに化しているのである。

私はかつて御苦労にもその爺の腹から出る文句というものを、二十近くも集めて比較をしてみたことがあるが、むろん話者の空想で何とでも言えるにかかわらず、その間には共通の傾向が見られた。つまり小鳥のかわいい声を模しつつ、何かめでたい祝言を叙するのであった。東北では「黄金さらさら錦さらさら五葉の松云々」などというのもあるが、他の多くは鳥の音に近くするために、句の意味はだんだんわからなくなっている。東京の小児などは、もはやこの話を知る者もなかろうと思うが、それでも幼い者がちょっとしたけがなどをした時に、親がよく唱えた「チチンプイプイごよのおん宝」というのは、まさしくこの竹伐爺の鳥の語のなごりであって、これとまったく同じことをこの話の中でいう例も各地にある。こういう唱えごとのおもしろみを中心とした昔話の、盛んにもてはやされた時代ももとはあったので、さらにその一つ前を尋ねてみれば、必ずしも今のような卑近な利得を説いていたのではないらしく思われる。今日の諸国の例の中にも、町へ出て行って大評判になり、多分の銭をもうけたなどというのもあるが、古い形は竹を伐るのをとがめに来た地頭とか山の神とかが、そのめでたい小鳥の歌によって、非常に喜んで御褒美をくれたという類の話であったのかもしれない。今後の採集がもう少し進めば、こういう点はおいおい明らかになるものと私は想像している。

一一

私がこの論文の中で考えておきたいと思うのは、これが上代の竹取翁の物語と、どれだけまでの脈絡を持つかという点である。われわれの竹伐爺には、小さい美しい天女は終いまで出て来ないが、その代わりには小さな美しい鳥が来て、主人公を幸福の生活に導いている。これは単に聞き手が幼童になったためのみでなく、本来この竹取の立身譚というものが、必ずしも常に神女の出現を唯一の条件としなかったこと、もしくは鳥と神女とが往々互いに身を転じえたように、説いていたことを意味するのであろう。そうすると近代の竹伐爺と小鳥との遭遇は、もう少し近よってその変化の種々相を検めて見なければならぬ。最近にわれわれの知りえた資料の中に、知里真志保《ちりましほ》君が和訳してくれた、アイヌのパナンペ・ペナンペ譚がある。東日本の竹伐爺の話は、よほど新しい形になってから、蝦夷《えぞ》の間にはいっていったとみえて、これにはすでに赤い小袖を着て歌をうたって来たという笑いまで付け加わっているが、この話ではパナンペが山でかわいい小鳥を見て、喜んでそれを拝むと、たちまち彼の口中へ飛び込んだとなっている（『郷土研究』七巻五号）。すなわちその小鳥を霊物として、尊敬したらしい話しぶりである。また九州の方では天草島の昔話「屁ひりの上戸」というのに、正直なる爺が竹を伐りに行って、鶯の卵を三つ拾って、これを懐《ふところ》に入れて戻るといつの間にかなくなり、やがて屁の音がホーホケキョと鳴くようになるというのがあった（『郷土研究』七巻六号）。他の地方の竹伐りは殿様に出逢うかわりに、そう腹が鳴るなら竹でも伐って、風呂を沸して入ったらよかろうと、婆に勧められたという話にさえなっているが、肥後《ひご》ではその小鳥の卵を拾うのが、もう竹の林の中であった。つまり中国地方の屁こき爺は、改作と同時にまた短縮でもあったのである。かくや姫の鶯の卵のことは、ただに『海道記』の道行きぶりのみならず、また『臥雲日件録《がうんにつけんろく》』にも『三国伝記《さんごくでんき》』にも、謡曲の「富士山」にも『広益俗説弁』にも出ている。たとえ『竹取物語』の本文には採られておらずとも、後世国内広くこれを伝えたものはあったのである。これと肥後天草の屁ひり爺との距離ははなはだ近い。

そこで改めて自分の仮定を述べるならば、この『竹取物語』という文筆の基になった竹取翁説話は、それよりもはるか以前からわが国に流布し、しかも地方ごとにかなりいちじるしい話し方の差を生じていたらしい。富士南麓の低地に行われていたものは、特に今日のいわゆる天人女房説話と接近したものであったことは、謡の「羽衣」の下染めをなすところの駿河の古伝説、もしくは能因《のういん》法師の作という、

有度浜《うどはま》に天の羽衣むかし着てふりけん袖やけふのはふり子

という歌からも想像しえられ、それがまた『竹取物語』の利用した素材にも近かったらしい。富士の霊山の信仰は最初からか、もしくは中ごろからかは知らぬが、とにかくにこれと結び付き、かつその信仰を支持して、したごうて竹を頂上のお池の辺の幻に、青々と描き出すことを許したのかもしれない。貞観年間の火山の最も烈しく荒れ、しかも山麓住民の信仰の最も強く燃えていたころに、かの「富士山記」の竹の記事が現れたのは、どうも自分だけには偶然とは思えないのである。

古文学の注釈者の目には、とかくその文字が赫奕姫のごとく光り輝いて見え、また唯一のもののようにも見えるらしいが、これは鑑賞というものとは別箇の心理のように私は思う。私などの気になるのは、今日すでに固定している本文の中に、落ち付かぬものまた後の書き添え書き直しかと思う箇所の、そちこちに見えることである。ことに遺憾なのはあの中にある十余首の歌が、平板にして感動少なく、朗々としてこれを誦しかつ記憶するに堪えざることである。ただそういう中に二つだけよい歌がある。一つは前にも挙げた「今はとて天の羽衣」の歌で、これはこの作品の由緒を語るものとしても、また前代常人のペソスを映じ出したものとしても、小さくない印象をわれわれに与える。今一首は車持皇子《くらもちのみこ》のうその南海漂流談を聞いて、老翁が歎息して詠んだという歌に、

呉竹《くれたけ》のよよの竹取野山にもさやはわびしきふしをのみ見し

こんなところに出ていてはおかしいというだけで、これもまたいつまでも覚えていてよい歌である。これから考えると竹取の物語はすなわち代々の説話であって、当時すでにいく通りかの変化があったけれどもいずれも皆その前段には、野山の生活のわびしいことを語っていたのである。すなわち昔話に最も数多き型通りに、またこれ一箇貧人の致富譚であったということを、その竹取翁自身が言明しているのである。それをどうあっても前代の匿名文士が、ひとりで考え出した新趣向であるかのごとく、ぜひとも解しなければならぬというのは難儀なことだと私は思う。

（昭和九年一月『国語国文』）

竹伐爺

一

『竹取物語』に車持皇子《くらもちのみこ》、蓬萊《ほうらい》の玉の枝を求めんとして、三年が間海上を漂いあるき、数々の危難を経て来たという大うそ話を聞いて、これをまことと信じて歎息して翁の詠んだという歌、

呉竹のよよの竹取野山にもさやはわびしき節《ふし》をのみみし

これは一篇の中でもことにおもしろく、かつ重要なる一首だと私は感じている。近ごろの最も手に入りやすい流布本には、歌の語の竹取を「竹取る」と読ませているが、はたして確かなる根拠のある書き方であるかどうか。問題にしてもよいようである。私はテキストの正偽を論弁する学者ではないけれども、子供の時からこれをタケトリと名詞に読んでいる。そうして今も「竹取る」と連体言に解するのはうそだと思っている。その理由はいくつもある。第一にそれでは誰がその「侘しき節を」見たというのかが不明になる上に、

「よよの竹」というのが何のことだかわからなくなってしまう。しかも吟じてみればすぐ気がつくように、歌の調べが非常に悪くなるのである。

物語の主人公讃岐造麿《さぬきのみやっこまろ》一人が、今までほうぼうの野山に竹を捜していたことを、「よよの竹取る」といってはたして通ずるかどうか。そんな日本語が古くも新しくも他にあるかどうか。おそらくは「ある、『竹取物語』に一つある」と答えなければならぬことであろう。ヨツギ・ヨトリの例でもわかるごとく、ヨというのは人の一代のことである。察するにこれはこの歌の「よよ」という言葉を、あまりに軽く見た古くからの習いに、囚われている説であっただけでなく、同時にまた野山という句の底の意味を、把握していなかった結果ではなかったかと思う。「野山にまじりて」は極貧の意であった。家に専属した田園から、衣食の資料を得るただの百姓ではなくて、わずかに公共の土地に採取して、大宝《たいほう》令《りよう》にいわゆる「山川藪沢《そうたく》之利」によって、活計を立てていたというのである。その貧翁が一朝にして宝の美少女を得、さらにつぎつぎに竹の中の黄金を見出でて、希有《けう》の福人となったという点に、かねてこの説話の根本の趣向はあったのである。その意味の竹取の翁ならば世々にあった。わずかに細部を変えて今の世にも及び、また天涯万里の国々にも流布している。たまたまこの名をもって保存せられていた一篇の記録文学と相生いに、初めてわが国のみに生まれたものでないことも推測しえられる。すなわちこの久遠《くおん》の伝承がなかったならば、かの「野山にも」という歌も詠み出でられず、もしくはただ晦渋《かいじゅう》の一作品として、永く諸先生の曲解を許したことであろうと、私などは思っているのである。

二

単なる言葉の上からの感じでは、「よよの竹取」とは歴代の竹取、すなわち昔も同じようなわびしい生活を営む者がつぎつぎにあって、それが相応に皆人に知られていた、ということをしか意味しないようだが、考えてみるとそのような貧賤な老夫が、著名になるべき手段方法は普通の道筋ではありえない。何か後世の者には忘却せられてしまったような機会があって、毎度世上の問題になっていたればこそ、ただ簡単に世々の竹取と言っても通じたのである。車持皇子の蓬萊島探険談が、口から出まかせの作り事であることは、筆者も前に述べ、また述べなくともたいていはわかっている。それを真《ま》に受けて感慨無量の歌を詠じたところに、いわゆる正直爺様のユウモアもあれば、また一種楽屋《がくや》落ち風の滑稽も含まれていたのかと思う。すなわちこの当時すでに『竹取』は昔々の物語であって、回を重ねて少しずつ新意を添える時代に入っており、したごうてその「世々の竹取」の一句はしばしば民間の話し手によって用いられていた言葉なるがゆえに、この通りきまじめ一方の三十一文字が、かえって一段のおかしみを増加したらしいのである。われわれの用語では、この状態を昔話の笑話化と呼んでいる。今ある記録の『竹取物語』などは、つとにこの笑話の部類に属していた。この点をいっこうに無視していたのだから、なるほど今日の解釈学は御苦労なわけである。

以前も日本に竹取の昔語りが行われていたことは、幸いにして『万葉集』巻十六が証拠である。『万葉』の竹取翁は残片であるけれども、なおその中からでも窺い知られることは、この一伝が特に「天人女房」譚の趣向に重心を置いていたこと、およびあの当時京華《けいか》文藻《ぶんそう》の士が、競うて説話の修飾に参加していたことである。すなわち現存『竹取物語』一流の文芸化には古い先型があり、数百年の前代へ溯ってみても、なお一部のよく開けた階級の間には、うぶのままの長者話を保持する力をもっていなかったことが、偶然ながらもこれによってわかってくるのである。しかもその現象はただ一部に止まり、別に無筆の大衆が語り伝えていた、昔話の自然の流れが絶えたのでないことは、これもまた実例によって私は主張することができる。『今昔物語』『海道記』『詞林采葉抄《しりんさいようしよう》』等々の諸書に、全然記録の『竹取物語』の筋を引かぬ竹取翁譚を、どこからか持って来て書き留めていることが一つの証拠である。さらに他の一方にこれらとも品かわり、許多の新しい意匠をもって改造し修飾した昔話が、今日各府県において口から耳へ、依然として授受せられ、少しく比較をしてみればその中の異同が、おおよそ竹取りのしがない暮らしをしている老翁の、測らざる幸運によって家富み栄えたという、昔ながらの範囲に限られていることを、見出すというのがまた一つの証拠である。木曾や上総《かずさ》にもあったという箕作り翁の箕作りは、「竹を取りつつ万の事に使ひけり」とある、その仕事の重要なる一つであった。桶屋《おけや》は近世の箕作りのごとく、常人に歯《よわ》いせられざる窮民ではなかったけれども、やはり原料を無主の山野に採っていたと見えて、これもまた一定の地に村居しなかった。そうしてこの二つの者が、今にいたるまでわれわれの多くの昔話の、シテの役を勤めているのである。これを要するに口碑の「竹取物語」はまだ生きている。これを参酌もしないでただいたずらに古典を羅拝《らはい》するのが、当世の国文学の癖でもあるならば、私たちは少なくとも時代の急いで変転することに、大きな希望をかけなければならぬ。

三

ただしこの箕作りとか桶屋とかも、ともに中古以来の模様替えであって、これによってただちに日本人固有の生活ぶりを説くことができぬことは、『竹取物語』という一つの文芸記録も同じことであるが、これをこういう形に改めるのが時代の嗜好《しこう》、ないしは個人の意匠であったと同時に、その背後には改めたらこうもなるもとの種、すなわち古来の制約のあったことが、これから探りえられる点も双方に共通する。もっと簡単にいうと、日本が竹の茂る竹細工の盛んに利用せられる国で、しかも霊界の恩寵が往々にして窮民に及ぶという説話を、つとに持ち伝えている国でなかったなら、たとえば「仏説月上女経《がつじょうにょきょう》」とやらを、口語訳にして無代で配布しようとも、なおわれわれの『竹取物語』は生まれてこなかったろうことは、桶屋の昔話も変わりはないのである。だから方法さえ立てば今ある事実の中からでも、かくのごとくおいおいに改まって来た、いわゆる流行の跡をたどることができると思う。そうしてその一つの実例として、ここにはまず「よよの竹取」を考えてみようとするのである。

過去一千年の間に、われわれの竹取翁はかなりその行装を変えている。これを零落というのは当たらぬかも知らぬが、とにかくに話は短くなり、またばかばかしくなろうとしている。笑いはこの方面ではとりわけて浮気なもので、一度大いに笑ってしまうと、もう同じ話では人はなかなか笑わない。ゆえにいったん少しでも笑話化の傾向が始まると、早い速度をもって目先がかえられる。そうしてやや流行の行き留まりへ来て、忘れ放題にして捨てておくのである。今日わが国の田舎に、ほとんど到らぬ隈《くま》もなく分布する竹伐爺という一話などは、その初現もかなり古く、今ある形に固定してからも、まだだいぶんの年号を経ているらしく思われるが、それにもかかわらずもうこれ以上には改造せられようもないという状態にまで達している。話の中心は優雅なる諸君の前で説くをはばかるような、屁の功名という尾籠《びろう》至極なもので、もちろん自分などもただ単なる名称の相似ぐらいをもって、これを竹取の翁の後身と断定する勇気はなかった。むしろ反対の証拠をさえ捜していたのである。ただいかんせんつぎつぎの比較によって、推移の経路はわかり、脈絡はますます明らかになってくる。そうしていわゆる「世々の竹取」の痕跡かと思う文句が、ここにもなお付いて回っているのである。かの「竹取る野山」と読んでおらるる人に頼んで、何か異なる解説を聞き出したいと思うほどである。『狂言記』を見た人ならば誰でも記憶している。あの悠長なしかも一つ一つ独立した作品でも、あまり毎々出場するわがまま大名のためには、事々しい名乗りをくり返させてはいない。御存じの大名でござる、隠れもない大名です。または八幡大名などといって、十分なる効果を挙げている。われわれの日常の会話にいたっては、ほんの二度三度話題に上った人物にも、きまって例の男だの、いつもの先生だのと、互いに知り合っていることを自得した口気を楽しんでいる。これは必ずしも手数の倹約でなく、むしろ相手に自己の記憶を復活させて、わが手で一段と鮮明な胸の絵を描かせんとした巧みであったかと思う。竹取の説話が古い伝承を墨守せず、往々に異処後日の新趣向を添付しようとした場合に、改めて主人公の身元生い立ちを述べたら、かえってふつつかに聞えたであろう。だから私は「世々の竹取」という語なども、この竹取翁の歌になる以前から、しばしば用いられてあの世の人たちに、耳に親しいものであったろうとさえ想像するのである。

四

少なくともそういう気持をもって、近世には略語が用いられていた。われわれの竹伐爺は、話の本筋はどれもこれも皆同じだが、その話し方には広略の三通りがあって、だいたいに地域によって区別せられる。近畿以西ことに中国に分布している形は、もっぱら爺と殿様との問答、もしくは隣の欲深のまねそこないに力を入れて、いかにしてこの奇抜きわまる屁の技能を感得したかという発端は省いている。次に中部から関東、奥羽《おうう》にかけては、鳥が爺の腹中に飛び込んでから、たちまち名誉の屁を出すようになったとして、詳しくその来由を説くのを普通とする。第三には四国ではまだ採集が進まず、九州でも一部しか尋ねられていないが、熊本県などで拾われている例は、さらにもう一段と前に溯って、この竹取爺が不慮に長者となった因縁を説こうとし、したごうて旧来の竹取説話と、また若干の接近を認めるのである。この三方三通りの相違が、一期に現れたものでないことは誰でも信ずるだろうが、ただその変化の順序を逆に短いものから長いのへ、おいおいに頭を付け、わざと『竹取』の方へ歩み寄ったもののように、推測しようとする人はあるかもしれない。しかし民間説話の常の傾向は、いずれの種類においても省略と断截が行われることで、新しいものほどいわゆる一口話の形に近くなっている。これは話を聞く場所と時間の関係であり、またなるべく数多くの違った珍しい話を、聞きたがるようになった結果とも思われ、ことに笑話となると笑う個所は少しだから、これを目的とする以上そう長々とは語れなかったのである。同じ一つの屁の手柄の発端に、北と南の一致した鳥話が付いているなども、その点を欠いている中央の今の形が後の変化であったという証拠にはなると思うが、もっと詳しく見ていくと、他にもまだいろいろの目標の、時代の古さ新しさを分つものがある。そうしてこの主人公を紹介する言葉なども、またその一つに数えられるのである。

それを比べてみる前に、ついでだからちょっと述べておきたいのは、例の竹伐爺が藪に入って、たんたんと竹を伐っている時に、「そこで竹を伐るのは何者じゃ」と、出て来てまたは通りかかって咎める者がある。この人が後で爺の技能に感心して、大いに褒美をくれて隣の慾深爺を羨ませるのであるが、これを自分などは「殿様のお通りがあって」と聞いて覚えている。また他の土地では地主の旦那様といい、庄屋どのがといっている。岡山付近の一例にジトウロウが出て来てというのは、たぶんは地頭殿の片言と思われるが、いずれにしたところで竹藪はすでに主があり、これを伐ることは盗伐になる世の中に入っている。爺は褒められる前にまず一応は咎められなければならなかったのだから、この点「野山にまじりて」自由に竹を取っていた、竹取翁の世界とは違うのである。ところが岩手県の北部、下閉伊《しもへい》の奥にただ一つ、山の神が現れてその方は誰だと問う話がある。もっと類例が出ないと速断はできぬが、ことによるとこれは山野がまだ神霊の支配に属していたころからの型で、すなわち神に貧翁が異常に恵まれたことを、主眼として説いていた話のなごりかもしれない。もっと想像をたくましうすれば、都に『竹取物語』などの筆記せられる前から、すでに農間にはこの類の粗野なる出世譚が、行われていたという事実を暗示するのかもしれない。それはあるいは考え過ぎだったとしても、少なくともこの二つのワキ役のうちで、殿様と山の神と、どちらが古い形を伝えているかを、判定するまでは容易のわざで、したがって南北の辺土は進化していて、近畿・中国にあるものが改まらなかったのだという推断は、まずこの点において成り立たなくなるのである。

五

次にこの殿様ないし山神の詰問に対し、何とわれわれの竹伐爺が答えたかが問題になってくる。私などの覚えているのは、

はい、日本一のへこき爺でござります。
そんなら一つこいて見い。

こういう問答が交えられたことになっている。これと同じ言葉は信州下伊那《しもいな》郡の昔話を始め、駿河富士郡、近江《おうみ》高島郡から岡山・鳥取・広島・島根の四県にかけて、すでに二十以上の例が採集せられている。いわゆる頻数論者《ひんすうろんしゃ》の統計的研究法を用いるならば、すぐにこれをもって固有の型だというだろうが、私などはまるまる反対のことを考えているのである。日本に日本一という心地よい言葉が始まり、人もわれもこれに感動させられて、つぎつぎに都鄙に持ち渡った時代は、だいたいいつのころと見るべきであろうか。これは確かに好箇の課題であって、国史学の方面ではもう手を着けている人もあるかと思うが、われわれはまずもって昔話の語り手聞き手が、ただの大衆であったことを考えなければなら

ない。例えば文字ある朝紳僧侶の間に、すでに「日本一」を筆にした人があったにしても、それが尋常になり会話の語になるにはまた若干の年処を経なければならぬ。鏡の銘などよりは古い気づかいはないのである。それからまだ一つ、この語が流行して口癖のようになる前には、これに置き換えられた元の言葉があったはずである。それとの関係も考えてみなければ、「日本一」の最初の意味も本当はよくわからないのである。昔話の中では別に日本一の花咲爺というのがある。これなどは形が似ていて、あるいは竹伐からの転用かとも思われるが、さらに桃太郎の日本一の黍団子《きびだんご》にいたっては何が日本一なのか実は誰にも説明ができない。単に有名なるとか隠れもないとか、または『狂言記』の八幡大名のごとき、ごく気軽な意味に用いられていたとしか見られないのである。

それでつまらぬ穿鑿《せんさく》のようだが広く他の地方の例を比べてみる。『小県郡民譚集』の伝承では、爺がわれから「へっぴり爺がまァかった」とふれて歩きながら殿の行列に路で行き逢うので、これなどはよっぽど古風でかつおかしい。その他に甲州で「これはへっぴり爺でござります」、三河の南設楽《みなみしたら》で「はいはい、へこき爺でござります」、もしくは「村のへひり爺でござる」というのも芸州の海岸にはあるが、奥州のほうへ行くとこれがまただいぶ変わっている。岩手県では胆《い》沢《さわ》、稗貫《ひえぬき》、紫波《しわ》三郡三処の話が、ともに「山々の屁っぴりおんじでござる」といい、[15]『老媼夜譚《ろうおうやたん》』に出ている上閉伊《かみへい》の例では、「なみなみのへっぴり爺」となっている。前に引用した下閉伊のものは「みなみなのへひり爺」というのだが、これは二つ同じでナミナミという方が前かと思う。そう思うわけは青森県の津軽地方に行っても、やはり「まいまいの屁ふりおやじです」、または「前の前のへふりじいこだしャ」とも名乗るものがあって、この前の前のもかの並々も、ともに尻鳴の功名によって長者となり得た話が、決して突如として発明せられたものでなく、やはり桃太郎の黍団子同様に、久しい伝統に依拠することを示すからである。三州の北設楽などにはただ一つ飛び離れて、「昔々のへひり爺だ」と明らかに宣言している例もある。しかもそういう古い形は、一人だって今はこれを記憶する者がない。だからなかったのだ、新たにこう言い始めたのだと見ることは、ちょうどまた『竹取物語』の肝要なる「よよの竹取」の一句を、無視してしまおうとする人々の態度と似ている。日本の文学史研究は、この意味において前途多望というべきである。

六

いわゆる前々のへひり爺の、たった一種だけ文書に伝わっているものは『福富草紙《ふくとみ》』である。これは岡見正雄君が今に大いに述べるそうだから私は骨惜しみをするが、ほんの一、二の関係ある点を掲げておくならば、まずこの草子絵には大切なる竹伐の条がない。ゆえに他の多くの点で共通した後世の「竹伐爺」が出てこないと、これと『竹取物語』との連絡は絶えてしまうのである。奥州《おうしゅう》の方は寒国で高い竹林がないために、いくつかの話は花咲爺と同様に、山に上ってだんぎりだんぎりと樹を伐っていたことに改まっている。これらを一つの系統の伝播であり刪定《さんてい》であると見定めるためにはわれわれはもっと採集にいそしまなければならぬのである。今日伝写本のたった一字の仮名《かな》ちがいまでも、無上に取りはやす労力の一半を割いて、目に一丁字なき人々の千百年の間、愛惜保持しておったものを訪い寄らなければならぬのである。現在採録せられている数十篇の「屁ひり爺」は、まんべんなく国の四端に分布しているとはいえども、まだまだいわゆる失われた鏈《くさり》が多いのである。これを五倍にも七倍にもした暁には、もう私のような饒舌の用はなくなる。現にまたそういう方向に、われわれの発見は進んでいるのである。

『福富草紙』の技巧、もしくは文学的手法ともいうべきものは、いくつかの点で『竹取物語』に似ている。絵画を中心にしたなども独創ではむろんなかった。『竹取』の最初の絵巻は伝わらぬようだが、あの本文にはところどころ美しい絵様がある。そうして文句はいちじるしく切れ切れである。ことによるとこれも今いう御伽《おとぎ》ものの、古い見本であったかもしれぬのである。主要人物の叙述は世人の年久しい記憶にゆだね、技術を新意匠の方面に傾けた点、およびできるだけ滑稽の味を濃くしようとした点など、文字をもてあそぶ者の古今を通じての念願ではなかったかと思う。福富という名前なども下に語音の連想があって、また一つの小さな趣向であったろうか。とにかくに説話の最も興味ある部分のみは、聴衆の予期に反してさし替えることができなかったのだから、作品といわんよりもむしろ筆録というのが当たっている。興味の中心も話によっては時代とともに少しずつずれ動いているが、この竹伐爺の屁鳴りの音ばかりは、聞かずにしまっては話にならなかったのはもちろん、そう奇抜に改めてしまうこともできなかったかと思われる。私は物好きにもこの文句を比較してみたことがあるが、やはり東北のはしばしだけには、福富期の旧型のままを保存しているものが見出されたのである。これをかの草紙を目にふれた者が、まちがえまた改造して伝えたともいわれぬわけは、『宇治拾遺《うじしゅうい》』の瘤《こぶ》取りや藁《わら》しべ長者も同じように、書いたものにないほうが詳しくかつ筋が通り、もしくは古風に話されているからである。この点は中世の竹取異伝を解説する場合にも、一つの参考たることを失わぬと思う。古く文筆の上に現れたから、その形のほうが前だといおうとするには、他の種の説話を運んだ者が、いずれも一応この物語を見たことを前定しなければならぬ。そうしてこの類の巻物は大家に蔵せられ、同じ京都人でも知らずにいた人が多かったのである。ましてや東北の田舎者が、円本ではあるまいし、ちゃんと読んでいた気づかいはないのである。

七

だからこういう一致には別の理由を見出さなければならない。『福富草紙』の絵にある屁の音は、

あやつつ、にしきつつ、こがねさらさら

とあって、お蔭でこれだけはもとの心持ちがおおよそわかるのだが、現在各地に行われているものにいたっては、ほとんど一つ残らずにこわれゆがみ、もしくは角が取れて丸くなっていて、いかにこの永い年月の間に、盛んに使われもてあそばれていたかが察せられるのである。綾と錦と黄金との三くさは、古来凡人の最も貴しとした財宝であった。それがつうつうと引きほどかれ、またはさらさらとこぼれ出るというのは、つまりは昔話の取れども尽きぬ宝を、鮮明に耳に訴えようとした言葉であった。かほどめでたい物の響きを、短い句で表わす音は他にはありえない。いつの世からともなくわれわれがこれを暗《そら》んじて、楽しい笑いとともに引き継いでいたのは当然であったが、しかも小児や貧しい人々に取ってては、あんまり縁の遠い物の名であるがためか、知らぬ間に少しずつ言いちがえをしていたのである。ややうら悲しい慰みではあるが、試みに片端ばかりその例を並べ比べてみると、まず「黄金さらさら」のほうは中国地方にも伝わっている。『因伯童話《いんぱくどうわ》』[16]には、

ジージーポンポン

コガネサラサラ、チチラポン

雑誌『民俗』に報告せられている備後《びんご》の例では、

コガネサラサラ、ニシキサラサラ
スッポコポンノポン

などといっているが、別にこの地方では丹後・但馬《たじま》だの備中《びっちゅう》・備後だのと、国の名と尻の音とを通わせたような、口合いも多く行われている。中部から関東にかけては、この言葉がもうかなり変わって鳥の声に近くなっているようだが、越後《えちご》や奥羽に行くと再び錦さらさらが出てくる。たとえば陸中紫波《しわ》郡のあたりでは、

ニシキサラサラ、ゴヨノマツ
チリンホンガラヤ

と鳴ったといい、遠野郷の一話においては、

アヤチュウチュウ、ニシキノオンタカラデ云々

という音でやはり笑わせている。ことに注意するのは秋田県仙北《せんぼく》郡の昔話で、武藤鉄城君の集めているものの中には、話の結語で東京などで「市《いち》が栄えた」、もしくは「それで一《いち》期昌《ごさか》えた」という代わりに、

綾チュウチュウ、錦サラサラ、五葉ノ松原
通ッテ参レヤ、トッピンパラリノプウ

という数句を、屁ひり爺でない昔話にも、取り付けたものがいくつもある。昔話の終わりの句は結末を明らかにし、もしくは児童の後ねだりをせぬように、わざと事々しく大声で唱える例が多いのだが、それにこの文言をあてているというのは、つまりこの一節の特に著名であり、また人望があったことを思わしめる。しかも拡張はこれに止まらず、江戸では小さな子がちょいとしたけがをして、いざ大いに泣こうとしている際などに、あわてて母姉の唱えたチチンプイプイゴヨノオンタカラという句も、たしかにまたこの昔話から出ていたのである。そうして今でも古風な人はこれを用いている。証拠の最も近いものは、信州下伊那郡の昔話集に、竹伐爺の、

チチンプヨプヨ、ゴヨノオンタカラ

があり、同じく小県郡にもチチンピヨロ、もしくは、

ピピンピヨドリ、ゴヨノサカヅキ
ちょつと持つて飛んで来い

がある。そうして「五葉の松原」は『福富草紙』のほうにはないけれども、全国各地に保存するから、古くからのものであったろうかと思う。

八

正直爺が放屁の徳を感受した因縁なども、『福富草紙』では道祖神に祈請し、夢を見、婆が合わせたことになっているが、それを固有の型と見られぬのはもちろんである。近畿・中国の十数例は、全然どうしてそうなったかをはぶいたのだから問題の外である。今見る各地方のへこき爺話は、すべて皆鳥との交渉を具えており、神に祈って得たというものは一つもない。だから佐々木喜善君[17]のごときは、総括してこれを鳥呑爺と名づけようとしていたのであるが、それではまたやや狭くなることは、中国地方などの前段を略した型があるためばかりではない。同じ鳥話の中でも『甲斐昔話集』[18]にあるのは、罠《わな》にかかった鵯鳥《ひよどり》を助けて逃がしてやったら、その晩家に帰ってからピピンピヨドリ云々の屁が出たといい、越後南蒲原《かんばら》郡に伝わっているのは、一つは夢に小鳥が口の中へ飛び込むと見たらといい、また一つはにぎり飯をほしがるので一つと半分遣ると、小鳥は爺の口の中に飛んで入って、縄帯を解いてみたらその美しい片羽が臍《へそ》から出ている。それを引っ張ると奇特なる音がするというのもあって、必ずしも爺が呑んだとは限られていないのである。

それからまた呑んでしまったという話し方の中にも、おかしいほどいろいろの種類がある。たとえば越前《えちぜん》の坂井郡では、小鳥が何かに追いかけられて、よい爺さんに助けを求める。それを口の中に隠してやったところが、腹へ入って出なくなってしまった。そうしてちょうど臍のあたりから足が出たので、それを引くとぴよぴよと好い音を出すというのがあり、信州南部の例では山がらの脚に付いた黐《もち》を、なめて取ってやろうとして口に入れると、つるりと腹にはいって尾が出たといい、あるいは弁当の蕎麦《そば》のかい餅を、桑の枝にぬっておいたら山がらが食いにきてひっついたという。カチカチ山の発端と近いのもある。これを昼飯を鳥に食われたので、腹がへってその鳥をむしって食ったとか、または弁当箱の中に一羽だけ、味噌まみれになって昼寝をしていたので、怒って毛をむしって食べてしまったらなどというのは、おそらくは後の改訂であり、また一段の笑話化であろうと思う。ただむしゃむしゃと食べたというのでは、後の腹中の小鳥の声と、連絡が取れぬことになるからである。

この点などはずいぶん勝手に話しかえていた様子であるが、食べたといっているものは存外に少ない。同じ信州でも小県《ちいさがた》郡の二例は、一つは山畠で弁当を盗んだ雉子《きじ》を、とっつかまえて丸呑みにしたらと、ありうべからざることをいい、今一つはきれいな小鳥ににぎり飯を分けてやると、だんだんになれてきて腹の中に飛び込んだといっている。三河でも南設楽《したら》郡で採集せられたほうは、美しい小鳥が爺さんの鍬の柄に来てとまり、手を出すと掌の上に乗ったので、かわいやかわいやとなめているうちに、ついうっかりと呑んでしまったといい、駿河も富士郡の話は、鳩が鍬の頭にとまったのを、ふっと吹くと口の中へ入ったとあるに対して、隣の安倍郡では畠のそばの木で、

ニシキカラマツ、シタカラヒヒン

と啼いている小鳥に、あまりよい声だから今度は鍬の上で啼いてくれ、今度は舌の上で啼いて見せてくれと、だんだん近くへきたのをぺろりと呑んでしまったという話もある。そうしてこの最後の型は、以前の悠長なる時代の話し方であったと思われて、遠く隔たった陸中上閉伊《かみへい》の、

アヤチュウチュウ、ニシキノオンタカラ云々

という鳥呑話にも、「あまりおもしろいからこの次は俺の舌の上に来て啼いて聞かせろ」というのがあり、爺がえへっと笑うべとしたら、やはりぺろりとその小鳥を、生呑みにしてしまったといっている。すなわち爺と鳥との関係は、どうも食物としてではなかったらしいのである。

九

細かな比較を尽そうとすると、話が長くなるからもうこの程度でやめよう。終わりにた

だ一つだけ付け加えておきたいのは、爺が腹中に入って片羽または片足を出していたという鳥の種類である。雉《きじ》・鳩・鵯《ひよどり》・山がらなどの例は前にも述べた。加賀《かが》では雀とシジュウカラとが登場し、後者は中国にもあったらしいことは、爺の鳴り音の文句からも察せられる。あるいはまたシトドもしくはショウトという鳥の話もあるが、これは鵐《しとど》のことである。鵐はアオジの古名と思っている人も多いようだが、それは青シトドで、別に赤シトドすなわちわれわれのいうホジロがあり、中国のほうではこれをもっぱらショウトと呼んでいる。二鳥ともにはなはだしく人を恐れず、したがってその挙動が注意せられ、これを鳥占《とりうら》の用にも供していたのが、日本で鵐の字をこれにあてた理由かと私は思っている。しかも竹伐爺の昔話に、この鳥の参与した例はあまり多くない。これにはゆくゆく説明せらるべき、何らかの理由がひそんでいるのである。

一つの想像はスズメという日本語の意義変化である。文華の中心をはずれた土地では、今もスズメをもって小鳥の総名と解しているところは稀でない。学問上の分類に反するはもとより、見た目にもまるで違ったものにヤマスズメ・カワラスズメ・ヨシワラスズメ・カナスズメなどというものがいくらもあり、スズメカゴという語は一般の小鳥籠を意味しており、われわれの今いう雀にはサトスズメ・ノキスズメ・あるいはマスズという例も常陸《ひたち》にはある。そうすると昔話の舌切雀、もしくは東北で「雀の仇討」というものなどには、もとは他の種の小鳥の話が含まれていたかもしれない。現に「雀の仇討」のごときも、安芸《あき》の昔話にはショウトとして語られるものがいくつかある。すなわち鵐もまた昔のスズメのうちであったのである。竹伐爺の小鳥なども、かつてはこの広い意味のスズメとして話されていたのが、後においおい意義が限局せられるにつれて、今いう里雀であっては本意に合わぬところから、かようにさまざまな鳥の話になったのではあるまいか。爺が大金持になるまでの順序はすべて一致していながら、ただその腹にはいった鳥の種類のみが、雉子《きじ》から四十雀《しじゅうから》まで土地ごとに違って語られるということは、それでなくては私には合点がいかない。それよりもかねて想像していた鶯の話が、意外に乏しいのが実は私には気になるのである。

一〇

記録で知られている限りの竹取説話異伝では、翁を富ましめた小鳥は鶯である。竹の中なる鶯の卵、化して美女となって翁に養われ、後に帝妃となって一門を光輝あらしめたと説くのが普通で、これといわゆる鳥呑爺の話との間にでも、まだまだ橋かけがたい空湟《からぼり》の大きなものがある。たとえ竹伐の名の基づくところは一つであろうとも、それだけではこれを同一説話の Variant（変形）と断言することはむろんできない。しかし私はこの両端は、しだいに接近するだろうと思っている。文献の上にも新たなる資料の、発掘せられる望みはなしとせぬが、もっと有望なのは口頭伝承の出現である。何となればこの方面では、今なお国土の五分の一も採訪せられず、しかも近年の限られたる捜索が、すでに若干の収穫をもたらしているからである。文字や文章に関するこれまでの考え方の、この暗示によって少しずつ改めらるべき時がまずくるであろう。たとえばウグイスを「ほう法華経《ほけきよう》」と啼く鳥に限るということも、つとに歌文に見え地方もまたこれに倣うているけれども、これとてもスズメと同様に、都市の指導によって内容を限局せられてきたのかもしれぬのである。この異常に多音節なる、また歌いものに適した音結合をもつ一語が、どうして始まったかを説明しがたいかぎり、また紀州でホケジロと呼び古くは法吉鳥《ほうきどり》といったなどの異例存するかぎり、前代またはある地方でウグイスといった小鳥が、今いう鶯でなかったのではないかという、想像もなお成り立ちうるのである。春の初音の微妙なる歌の曲を除いては、この鳥は決して美しくない。その笹啼《ささなき》にいたってはただの一つのスズメにすぎない。そうしてわれわれの説話の鶯姫は、もっぱらその姿の神々しく清らかなりしことを説いて、歌や音楽の巧みには及んでいないのである。土から生まれた文芸のもとの意味を考察するには、これを組み立てた一つの言葉の、固有の感覚をも併せて理解しなければならぬと思う。

鶯の昔話の今日に伝わっているものには、やや難解なる「見るなの座敷」Forbidden Chamber 系の一篇がある。不思議の美女を娶《めと》り、またはその家に仮宿した男が、ひそかに戒めを破ってその一室をのぞくと、内は梅の花の盛りで光り輝いていたが、女はそれを知って大いに歎いて飛び去ったといい、もしくはせっかく人になろうと念じて貯えていた法華経読誦《どくじゅ》の力を、一朝に空しうしたなどともいって、だいぶん後年の改造もあるらしいが、どこかにまだ「天人女房」譚のおもかげを留めている。肥前《ひぜん》下五島で採集せられた一話は、いちじるしく桃太郎または瓜子《うりこ》姫《ひめ》の昔話に近よっている。川上から流れてきた大きな栗を、爺と婆とで二つに分けると、中から美しい女の子が出てきた。これを栗姫と名づけてわが子として育てる。大きくなってから爺が大病を煩い、鶯の卵を食べさせたら治るということで、栗姫がそれを捜しにいく。そうして山の中で鶯に逢って、教えてもらってその卵を得てかえり、親を本復させたという山のない話し方で、あるいは蛇聟入《へびむこいり》譚の鸛《こう》の鳥の卵や、三人兄弟譚の奈良梨採りなどから、影響を受けて変化したのかと思うが、ここにもなお美しい姫と鶯との結び付きは見られるのである。

一方かの尾籠《びろう》なるへひり話の中にも、若干は鶯との関係をもつものがあって、その一つは五島と交通の多かった肥後の天草《あまくさ》島に行われている。この二島の間にある海山の村々こそ、後日この研究を推進する新資料の、まだ埋もれているらしき地域である。東北では羽《う》後《ご》仙北郡の角館《かくのだて》辺に、鶯屁と称していろいろと屁をひり分ける技能を、不思議に感得して殿様の感賞に預かった話があるというが、これなどはまだ多くの鳥呑話を聞いた上で、後の人が考え出すこともできる話といえる。天草の方の一話にいたっては、とうていそういう想像は許されぬのである。昔ある一人の老翁が、竹を伐りに行って鶯の卵を三つ見つける。その卵が不意に見えなくなったと思うと、爺の屁に鶯の音がするようになる。それを芸にして五年の間諸国を回り、金持になって帰って来た云々。これだけをたった一つ引き離して聞くと、諸国の竹伐爺の一変型といおうよりも、むしろ上代の竹取説話を、作りかえたというふうに見えるかもしらぬが、昔話は断じて孤立独存してはいない。老人が死に絶えない以上、必ずこの周囲の古風なる家々に、これと同じでわずかずつ違ったものを、誰かが伝えていることと思う。ただ採集に適任者を得ぬことを恨むのみである。最近に広島高等師範の丸山教授は、肥後の人吉において「竹の子童子」という珍しい一話を得られた。竹の中から五寸ばかりの人が出てきたというが、それは姫ではなくて男の子であった。齢は一千二百三十四歳、悪い筍にとらえられて、今まで天に帰ることができなかったといって、お礼に七つの如意呪《にょいじゅ》を授けていった。ただし助けた主人公というのは、三吉という桶屋《おけや》の小僧であるという。丸山君の研究が出るというから、これも私は先まわりをあえてしない。ただ一言評すれば、もしわれわれの集めようとしているような話が、一つもこの付近から採訪せられていなかったら、これなどはかえって『竹取物語』の一変型ということを、人に納得せしめることがやや困難だったかもしれない。しかしそれもこれも今は用なき仮定である。現在はすでにあらゆる階段の昔話が集められ、また引き続いて斧斤いまだ入らざる原始林を、これからも求めあるこうという人が輩出しているのである。古来の民間説話の伸び進み流れ拡がる区域は、京伝《きょうでん》・馬琴《ばきん》らがいわゆる換骨奪胎《かんこつだったい》よりは、むしろずっと大きくかつ自由奔放であって、しかも時代の感覚に敏であったことがわかったのである。これを丹念に比べてみる人だけが、まだ隠れたる古文芸の、多くの持味を味わいうるであろう。だからこれからは国文学を嗜み、同時に一方には村に住む人々のきれぎれに持ち伝えた口碑を、聞き出し問い合わせて参考にしようと心がける者を、蝙蝠《こうもり》だの雑学者だのと言って笑わぬようにしなければならぬ。

（昭和十一年二月『文学』）

花咲爺

一

　昔話は昔からあったもの、そうでなければ古びたり損じたり、とにかく零落してかろうじて残っているもののように、勝手にきめてかかっていた今までの物の見方を、匡正する方法はあると私たちは信じているのだが、それを試みるに手ごろな題目が、ちょっと見当たらぬので困っていた。花咲爺などもまだ準備は十分でないけれども、ふとした因縁があってこれを考えてみることになったのである。都合のいいことには他の多くの古来の民間説話には、記伝の文学がいつの世にか干渉しているに反して、これだけは終始ほとんど自由に変化している。そうして都雅と凡俗との二階級の文芸は、ぜひとも別々の態度用意をもって、その伸展の跡を見究める必要があったのである。最も無視しがたいのは作者の地位、というよりも Edition の性質である。彼にあってはそれが著名でまた重要で、しばしば講説者の唯一の目標とせられるが、こちらはそんなものはなかったといってもよいくらいに、知らぬ間に推し移っている。作者と読者との堺線は幽かで、したがってまた時代の文芸能力、つぎつぎの人生の欲求なり趣味なりが、直接にこの改版を支配しているという大差がある。これによって学びえられるわれわれの過去が、二者方角を異にするはもとよりのことで、これを尋ねる方法もおのずから独立して存しなければならぬ。それにはこの花咲爺のような、今まで文献から遊離していた作品の、枝ぶり樹ぶりを見ていくことが、新たなる芸術鑑賞法の習練になると思うのである。

今までの採集によって知られているかぎりでは、花咲爺の分布は全国には及んでいない。そうしてこれとよく似た別種の話が、その外側を包んでいる。二者の交渉がどの程度のものであるか、すなわち分岐か癒合かという点を明らかにするために、できるだけ話の筋の込み入った分析しやすい例を取ってみる必要がある。人も知るごとく絵本などになっている都会の花咲爺は、老いたる夫婦が犬を養うにいたった、縁由は少しも説いてない。それが偶然に後から来て引っ付いた部分か、はたまた前にはあって後に省略せられたかは、かなり重要なる観点であるが、私たちはただの尋常の犬であっては、これほど大きな手柄をするわけがないという心持ちから、この発端のあるほうを原の形と思っている。それを証明する順序として、ここにはまず越前阪井郡の一話を掲げる。

昔、爺と婆とが年を取って子がないので、三国《みくに》の湊《みなと》へ子をもらいに行く途中、松原にかわいらしい白い小犬がいて爺に言葉をかける。じいさんじいさんどこへ行く。三国の町へ子をもらいに。わしを子にして下さらぬか。三国へ行ってよい子がなかったら、帰りにおまえを子にしよう。こういう問答をして三国の町に行って捜したが、好い子がないのでその小犬をつれて帰ってきた。それから魚を煮てもみどころは犬に食わせ、わが身は骨のところを食べて、子のようにして大事に育てた。山にその犬をつれて行くと、犬が爺の裾《すそ》を引いて、ここ掘れわんわんという段は東京などと同じく、それから家に戻ってその金を蓆《むしろ》の上へ並べていると、隣の婆が「火一つくんさい」といって入ってくる。この火もらいということは、村で隣の家の内情を窺いに来る常套《じょうとう》手段であったと見えて、いわゆる隣の爺型の話にはよく付いている。

それから隣の爺が犬を借りにきて、自分も掘らせてみる段は他も同じだが、ここには悪い爺の悪さがかなり濃厚に、またその失敗がかなり念入りに話されている。たとえば魚を煮てもわが身はみを食い、犬には骨を食べさせる。山に入っても犬は何とも言わぬが、ここを掘るかいなと爺が聞くと、掘りたけりゃ掘り、掘りたくなけりゃ掘るななどと犬が答える。あとは大体に他と同じで、犬を埋めた処に栽えた松が、一夜に大木になりそれを切ってから臼《うす》を造る。米を搗《つ》こうと思ってぽんとつくとぽんと金が出る。ぽぽんのぽんとつくとぽぽんのぽんと金が出たなどといっている。隣の爺のほうでは米を搗いても粟をかっても、出るものは皆砂であった。怒って臼を焚いてしまったというのでその灰をもらって帰ると、それがまた風で飛んで枯木にかかって花が咲く。これはおもしろいと町をふれてあるき、殿様のお庭の二年も三年も花の咲かぬ木に、頼まれて灰をふりまくとみごとに花が咲いたという点だけがただ少し違っている。そうして隣の爺と婆との、三度の問答を同じ文句で、くり返すところにおかしみの一つをおいている。すなわち話はもうよほど今風になっていて、なおこの発端の犬子話をくっつけているのである。

二

犬がみずから名乗って爺婆の子にしてもらうというなどは、よっぽど奇抜な構想のように聞えるが、これは申し子の話にはいくらも例がある。どんな粃《しいな》のような子でもよいから一人お授け下さいと、一心に祈願して帰ってくると、不意に路傍から言葉をかける者がある。それが小さな田螺《たにし》であった場合が妙に多く、肥前島原にも備前《びぜん》岡山にも、またはるかに飛び離れて奥州五戸《ごのへ》にもある。まさかこういうものを子にするわけにもいくまいというと、それでもあなたはどんな子でもいいからとお願い申されたでないかと理窟をいい、もしくは下向路《げこうじ》で最初に出逢った者を、子にせよというお告げがあったではないかという。なるほどそうだったと正直な老人たちだから、すぐに合点《がてん》をして連れて帰り、子供にして愛し育てたということになっている。越前の花咲爺では三国の町へ、子をもらいにいくというだけがもう少し変わっているのである。

あるいはまったく別の方面から、犬の出現を説こうとする例もある。これは遠州《えんしゅう》の白羽《しろは》村、すなわち御前崎に連なった海岸での採集だが、爺は柴苅りに婆は川へ洗濯に行くと、川上から三つ組みの重箱《じゅうばこ》が流れてくる。拾い上げて明けてみれば上の重にはえのころが一四、中の重には牡丹餅、下には赤飯が一ぱい入っていた。婆さんは大いに喜んで、持って帰ってその御馳走で犬の子を養うと、日一日といかくなって、賢い犬になったといって、あとは普通の花咲爺と同じだそうである（『静岡県伝説昔話集』）。これは桃太郎や瓜子姫の昔話の、定まった発端の型となっているだけでなく、土地によっては舌切雀までが、香箱《こうばこ》の中に入ってまたは鳥籠のままで、上流から運ばれてきたという例もある。つまりは話の主人公となるような非凡児は、たとえ人間の姿をしていなくても、やはり普通の手続きでは出現しなかった。もっと進んでいうと神のお授けであったということを、説かなければならぬ習わしがあったからかと思う。犬の子の場合にあっても後に詳しくいおうとする灰撒《まき》爺の話では、たいていはまた川上から流れてくる。そうして因縁があり理由がある爺婆の手に拾い上げられ、その家を富貴にすることになっているのである。

さらにもう一つのかけ離れた例を引くと、羽前《うぜん》東田川郡の狩川《かりかわ》村で採集せられた一話では、婆が川へ出て洗い物をしていると、向こうのほうから香箱が一つ流れてくる。それを拾い上げて中をあけて見れば、白い小犬が一匹入っている。うちにはもう猫が一匹いるので、おまえは入用がないからとまた流してしまおうとすると、その小犬がわんわんと鳴く。そんなら猫をいじめず仲よくするかと婆がきくと、またわんわんと鳴いたので連れて帰ったとあって、後は長者の家の鼠を脅かして、打出小槌《うちでのこづち》と延命小袋《えんめいこぶくろ》と、二つの宝物を犬猫二人で持ってきて、ついに爺婆の家を金持にしたという、グリムの童話集にもある指輪奪還と、同系統の話に続いているのである。わが国の民間説話においては、川を流れて下ってくるということと、海を漂うて来て岸に着いたということと、いつもおおよそ同じような感じで迎えられている。犬でも奇瑞を現ずべきものは、やはりこういう出現の形式をとらなければならなかったのである。

三

筑前鞍手郡《ちくぜんくらて》に行われていた花咲爺も、発端だけがまたわれわれの聞く話と異なっていた。貧乏な爺が年の暮に、譲葉《ゆずりは》と橙《だいだい》とを売りに出て、少しも売れないで帰る道すがら、これを海の神様に献上しますといって海に投げ込む。そうすると海神が出て来て、呼び止めて礼を述べられ、返しに一匹の犬を賜わる。毎日小豆《あずき》を煮て食わせ育てよということであった。それが金銀のありかを教えて爺に掘らせ、家はたちまち富裕となる。それを羨む隣の欲深爺が、強いて犬を借りていって生煮えの大豆ばかりを食わせ、金銀を掘り出そうとしたが失敗して怒って犬を殺す。それを埋めてやったところに木が生えてすぐに成長し、臼となりまた灰となって枯木に花を咲かす段は、他にあるものと格別かわったところもない。同じ発端をもった昔話の流伝は、飛び飛びにほぼ全国に及んでいるが、水の神のお礼が小犬であったという代わりに、猫だの石亀だの馬だの、または人間のみにくい顔をした子供などという場合が多く、犬であった場合にも今少してっとり早く、西洋で黄金の鵝鳥《がちょう》という話のように、身から金の小粒を出してたちまち爺の家を富ませてしまうので、結末を順次に花咲かせにまで運んでいくものはいたって少ないのである。

九州で現在知られている花咲爺はもう一つある。それをよく見ていると近代の昔話が、どれだけ頻繁にまた敏活に、切り替え、つなぎかえられていたかが察せられ、一つのきまった形というものが書物以後、もしくは文字の拘束の結果であることがわかってくると思う。豊前《ぶぜん》の築上《つきかみ》郡から出た材料であるが、爺が年の暮に山に木を採りに入って、何で年を取ろうかとひとり言をすると、米で年を取ろうぞと脇で答える者がある。驚いてそこを見ると一匹のクウズすなわち石亀がいる。それを連れてきて物を言わせて金を儲ける。隣の爺が欲ばりで強いて亀を借り受け、町へ持って出たが一言も言わぬので、腹をかいてその亀を竈《かまど》にほうり込んで焼き殺してしまう。よい爺さんは悲しんでその骨灰をもらい受け袋に入れ、明くれば正月の元日に、枯木に花を咲かせて殿様の褒美をいただく云々というので、たったこれだけを見るとまた別の話とも取れるが、実はこの中間に二種の花咲かせをつないでいる例がある。たとえばここからそう遠くない筑前宗像《むなかた》地方の昔話には、爺が暮に餅搗杵《もちつききね》を切りにいった帰りに、池の堤から杵の一本を竜宮様に献上する。そうしてやはり餅搗杵は切ったれど年は何で取るべきぞと独語すると、米や銭で取りやれと、かたわらから亀が返答をする。（すなわちその亀は水の神の返礼であったのである）。こいつはおもしろいと思って長者の家に持参し、何度も問答をしてみせてたくさんの金をもらう。隣の欲ばり爺は亀を借りて、まねをしてみたがまんまと失敗し、怒って亀を殺してその屍を竈《かまど》の側に埋める。そうするとその場所から竹が生えて、たちまち生長して天上に届き、天の黄金倉を突き貫いてしまう。爺婆早う蓆《むしろ》敷けという声が天から聞えて、蓆をひろげたら山盛りに金銀が降ってきた云々。すなわちこの話は結末が花咲かせでないだけで、順序は鞍手《くらて》郡などの海の神の犬の話と、だいぶんまた近くなってきているのである。

四

ただし最後の二つの話では、亀だからまだ縁が遠いようにも感じられるが、これが犬となっている例も別にまたあるのである。喜界島では富んで無慈悲な兄と、親に孝行な貧しい弟の話にこれがなっている。年の暮にわずか一升の米を借りにいったが、怒って叱って追い返されてくる。せん方なしに山に入って花を採り、それを売ってあるいたけれども少しも売れぬ。帰りに浜を通って、この花は買い手もないから、ネィンヤ(根屋—竜宮)の神様にでもさし上げましょうと、花を波原めがけて投げ込んだところが、そこからほっと一人の男が出てきて、これはまことにかたじけない。ネィンヤでは今ちょうど正月の花を捜しているところだった。お礼をするから来てくれということで、その男の跡について竜宮へ行く。この道行の条は詳しくまた美しい語りがなお伝わっている。ネィンヤでは神様が何がほしいかと問われるから、犬がほしいと言いなさい。これが根屋でも貰いものだからと、道々男に教えられてその通りにして犬を賜わって帰る。この犬は大事にして、毎日四つ組の膳で飯を食わせねばならなかった。それを約束の通りにちゃんとこしらえて供えると、犬は食ってしまうや否やすぐに飛び出して、山に入って猪をうんと捕ってくる。それが毎日続いたので弟は大金持になる。強欲な兄はそれを羨んで、無理に犬を借りていっていろいろと御馳走をしたが、猪は捕りにいかずに飛び上がって兄を咬んだので、怒って打ち殺してしまい、弟は悲しんでその犬を庭の手水鉢《ちょうずばち》の根に埋めるとあって、それから後は福岡県の話とよく似ているのである。こういう話の型は東日本にはまだ見当たらない。弟が次の日朝起きて犬を埋めたところを見ると、そこから一夜のうちにドウチンチャクという竹が生えて、天とうに届くまで伸びていた。それが天とうの米倉というものを突き破って、一節伸びれば千石《ごく》、二節伸びれば二千石と、たいそうもない米が庭に降り積もって、しまいには屋根よりも高くなった。（というのは竹の米さしからの連想で、節の中を通って降るという意味であろう）。欲ばりの兄はこれをまた羨んで、無理に犬の屍骸を借りて帰って、自分の家の庭の手洗鉢のもとに埋めると、ここからもドウチンチャクが一夜のうちに天まで伸びていったが、今度は天とうの糞袋（倉？）というものを突き破って、際限もなく糞が降り積もり、兄の一家はみんな押しつぶされてしまったといって、話はもう花咲かせまで、進展する余地がなくなっている。私たちがこれによって考えてみようとしていることは、昔話の興味の中心というものが、時と所につれて少しずつ移動していくらしい点である。たとえばここでいうドウチンチャクの一条のごときは、九州の北部までも広がっているのが不思議なくらいで、そう早くからこの形で伝わったとも思われぬのだが、それでもこの部分に聞く人が大笑いをし、話手もまたこれへ力を入れるとなると、自然に前からある部分が粗末になり、話を手短かにまた子供に向くようにする場合は、きまって古いほうから落ちていく傾きがあるようである。しかも一方には前にも言ったように、話の継ぎはぎということが行われていた。よっぽど数多くのかけ離れた類例を集めてみた上でないと、今ある花咲爺のこうなるまでの姿は、突き止めることがむつかしい。仮定ではあるが現在のところ、おおよそ想像しうるのは犬の素性、次にはその犬が死んでも跡を留めて、何らかの植物となって再び奇瑞を現したこと、さらに第三にはその犬の手柄が、以前は金銀財宝ではなくて、最も豊かなる猟の獲物であったろうかということで、この終わりの点は喜界島の一例と、遠く奥羽のはしに分布する雁取り爺との比較がこれを支持するのである。

五

奥州の灰まき爺は、花咲かせとの対照のために、われわれは雁取り爺というほうの名を採用しているが、実地には上の爺下の爺、もしくはこれと似よりの名をもって記憶せられるものが多く、すでにアイヌの中にまでも、この名の昔話が数多く入り込んでいるそうである。元来は善悪二組の爺婆が、一方は幸運に恵まれて家富み栄え、他方はすべてがその逆をいって破滅する話の、全部を総括する名称だったかもしれぬが、その中でも特にこの犬の子を川から拾い上げる話が、そう呼ぶのに似つかわしかったと見えて、現在はほぼこれ一つに限られている。もう有名になって知っている人も多いと思うけれども、比較に入用な個条だけを列記すると、

一、上下二人の爺は、春になって川に簗《やな》を掛ける。上の爺の簗に小さな白犬が流れてくる。上の爺は無慈悲でそれを取って投げると、今度は下の爺の簗に行って掛かる。下の爺は拾って帰ってかわいがって育てる。岩手県の一例には木の株が一つ流れてきたというのがある。それを下の爺が拾って帰って割ろうとすると、中から声をかけて小犬が出てきたともいっている。越後の南蒲原では婆が洗濯をしていると、香箱《こうばこ》が流れてきてその中にえのころがいたといい、越中《えっちゅう》の上新川《かみにいかわ》郡のは流れてきたのは大きな桃で、それを持ってきて臼の中にしまっておくと、いつの間にか小犬になっていたともいう。

二、その小犬はちょっとの間に大きくなる。一ぱい食わせば一ぱいだけ、二はい食わせば二はいだけ大きくなったともいえば、椀で食わせると椀だけおがり、皿で食わせれば皿だけおがったともいって、いろいろの形容で急激の成長ぶりを説いているのである。

三、その犬が大きくなってから、山へ鹿捕りに爺を誘うていく。鉈も小ダスも弁当も爺様もみんな背なかへ載せていくというところに、子供のおもしろがりそうな犬と爺との数

回の問答がある。

四、それから山に入って、喜界島などよりはまたずっと大がかりな狩猟が行われる。あっちの山の鹿もこい、こっちの山の鹿もこいという類の呪文《じゅもん》の詞を、犬がみずから唱えたというのと、爺に教えて唱えさせたという例と二つあるが、とにかくこれによって莫大な獲物をもって帰ってくるのである。

五、上の爺がそれを羨んで、強いて犬を借りて同じことを試み、ことごとく失敗する条は他の話も同じく、怒って犬を叩き殺して山に埋めると、そこから木が生えて急激に成長する。それを臼にきるから松の木といっている例もあるが、コメの木となっているほうが話はおもしろい。コメの木は方言で、土地によって木は一定せぬが、とにかく灌木《かんぼく》で臼などになる木ではないからである。

六、その木を臼にくぼめて、唱えごとをしつつ物を搗《つ》くと、金銀または米が際限もなく涌《わ》き出す。上の爺が借りて試みてまた失敗し、怒って焚いてしまって灰になるまではまた他の話と近い。

七、ただ最終の灰の利用だけが違っているのである。人のよい下の爺は灰を籠に入れて、風の吹く日に屋根に上って待っていると、雁の一群がグェグェと鳴いて通っていく。ここでも「雁の眼さあぐ（灰）入れ、爺の眼さあぐ入んな」と唱え言をして灰をまくと、はたしてばたばたと雁が空から落ちてくる。例のまね爺は呪文を取りちがえたので、自分の眼へ灰が入ってころころと屋根からころげ落ちる。それを婆が下に待ち構えていて、雁だと思って棒で打つというのがおしまいで、粗野だといえばまアだいぶん粗野な話である。

六

この昔話は東北の各郡にわたって、すでに二十に近い存在が知られている。微細な異同を並べてみればはてしがないが、だいたいに以上の要点だけは皆共通しているのみでなく、まだほかにも意外なる一致がある。たとえば下の爺の家で鹿汁《ししじる》をこしらえて食べているところへ、もしくは米の飯を炊き雁汁を煮ているところへ、三度が三度とも上の家の婆が、白ばっくれて様子を見にやってくる。それを岩手郡などの話では、

火ッこたもれやツンツクレン

といってきたとなっている。ツンツクレンなどという言葉があるわけではない。これは厚顔に口実を設けて、内の異状を偵察にきた挙動の形容で、簡にして要を得、われわれでも思わず微笑をする話し方である。それを他の多くの伝承者はもう理解しかねて、「火こチリンとたんもエ」といってきたと話したり（『九戸郡誌』）、もしくはただ火をもらいにきたとだけですましている。わずかなことだがこれは聴衆の質の変化を暗示していると思う。

それからいま一つ、よい爺が数々の幸せにありついた手続きを、隠すところなく口伝し

ておくにもかかわらず、悪い爺は必ずそれをまちがえてしくじる。その中でも「爺の眼さあぐ入れ、雁の眼さ灰入んな」と、あべこべに言ってしまって失敗するなどは、子供にもよくわかって笑うだろうが、それがもう一つ進むと口合いになって彼らには呑み込めない。コメの木を臼にきる代わりに、家の内庭にもってきて立てて、「銭ふれバラバラ米降れバラバラ」などと悠長に唱えていたのを、欲深爺が早手まわしに一括して、「タメになるもの降れ」といったら糞小便が降ったというのも、米倉《こめくら》・小盲《こめくら》から思い付いたきたない洒落《しゃれ》だが、これも新しいだけにまだたいていの聞手にはおかしい。それよりいっそう解しにくかったのは鹿捕りの呪文で、下の爺が「あっちのスガリもこっちゃ来う、こっちのスガリもこっちゃ来う」というと、鹿がびんぐりびんぐりと走り集まってくる。上の爺がまねをして同じ呪文を唱えると、四方の蜂が飛んできて爺を刺したというに至っては、このスガリという奥州の方言が、鹿を意味し同時に地蜂を意味し、相違はただわずかの音抑揚の差にあったとすると、これは座頭《ざとう》か何かの口で話す昔話だけに、保存しうるような微妙なるユウモアである。文字に録すればたちまち消えるはもちろん、あまり容易におもしろがる女子や少年にも、あるいは気づかれずまた忘れられて、脱落や改造の原因ともなったように思う。しかもそのために笑う人が少なくなっても困るので、新たなる補充が企てられている。たとえば厚顔なる上の家の婆が、さんざん鹿汁や雁汁を御馳走になったあとで、椀の底にぽっちり残してこれをうちの爺に持ってってやろうやという。そんなことをせずとも、爺どのには別にやるからと、山盛りにしてくれたのを、帰る途中で廏《うまや》の陰か何かでまた半分平らげ、そこらにあるものを交ぜて一杯にして持って帰る。それを少しも知らずに馬鹿爺が、何だかまぐそ臭いどもうまいうまいと、喜んで食ってしまったという個条を、二度も三度もくり返すなどは悪趣味のきわみだが、それでも職業話者の意匠だったと見えて、現在半数以上の雁取り爺にはこれが付いている。それはかりかさらにもう一歩を進めて、まことにお話にもならない後日譚が、『老媼夜譚《ろうおうやたん》』などには出ているのである。

七

私などの想像では、古い民間説話が童話におもむく路と、いわゆる笑話化とは本来は二筋のものであった。童児には成人の跡をつけようという本性があって、聞けば喜びもし記憶もしたであろうが、哄笑爆笑は必ずしも彼らが第一次の関心事ではなかった。ことに話を聞かせる側の者から見て、わざわざこんな試みを子供のためにしてやろうとしたはずはないのだが、これも貧家の子の衣類などと同じように、なければ間に合わせに、数が足りなければこれもその数に加えて、不用になった古着を彼らには着せたのかと思う。実際近世の昔話くらい、成人に不用になったものも少ないのである。それゆえに子供が最後の残塁となって、よしあしにかかわらずある限りの昔話をため込み、後には彼らまでが笑って聞くものを昔話と、解するようになってしまったのである。

花咲爺の分布がいちじるしく中央部に偏し、地方のはしばしのこれに代わるべきものが、この雁取りの爺のような荒い衣裳をつけてあるいているということは、後者の資力がまだ童児のために、特別の説話を仕立てて給するまでの余裕をもたなかったためとも見られ、あるいはまた笑話に対する一般の需要が、それよりもさらに大きかったためとも解せられる。変化は双方にともにあって、ただその方角が同じでなかった。むろん一方をより古い形とはいえないと同時に、これより以前の形というものがあるならば都鄙ともにあって、それは現在の二者よりはまたはるかに相近いものだったろう、とまでは完全に推定しえられる。この推定が当たっているとすれば、物を改める力は都会のほうが強い。田舎は律儀《りちぎ》で保守的であるだけでなく、思い切った改良をするだけの資料も乏しく、主として中央からの感化によって、やや時遅れてから動いていたので、そのいずれの点から見ても足跡は尋ねやすい。したがってこれが他の一方の歴史を探る者の助けとなることは、その反対の場合よりも多いわけである。

しかも中央の新しい文化の中に、改造せられてできた童話にも、決して古いなごりは埋もれつくしてはいない。たとえば岡山付近に行われている花咲爺話で、犬が老夫婦に畳の上で育てられ、庭へ行きたいチンコロリン、鍬《くわ》が持ちたいチンコロリンといい、爺婆が止めるとそれでも持ちたいチンコロリンなどという一条は、折口君[19]の報ぜられた大阪郊外の村の例も同じだが（『土俗と伝説』三）、こんなあどけないまた簡単な形の中からでも、なおわれわれは二つの点において、前代のいたって大切な趣向の残存を認めうるのである。その一つは爺婆が犬をただ飼っていたのではなくして、わが子として愛育していたことである。この要件は東北の雁取り話にもすでに稀薄になっているが、最初の越前の話ではよく現れているように、姿が犬ということは桃太郎の桃のように、本来はかりの形で現実は親子の仲であった。そうでなければ畳の上では育てず、また人語して親を富貴にするはずもなかったのである。第二の重点はその人間の語を発するということで、これは幸いに児童の好奇心を刺衝する力を永久に持っていたために、非常に古いものであったにかかわらず、残存して今日に達することをえたのである。この二つの無意識なる伝承がなかったら、われわれは単に今日の製作童話が、グリムにかぶれている程度の因縁だけを、花咲爺にも認めていてよかったかもしれぬ。しかもこういう趣向は独創からは生まれない。ことに第二の犬が物を言うという趣向のほうは、あらゆる灰まき話に伴のうて地方的に変化している。どこでも方言に訳され、また児童の気に入るように節を付けられている。すなわちこの部分だけは今も生きている。偶然とはいいうるかもしらぬが、この保存は完全に児童の手柄であった。

八

これと比べると花咲爺の名の起こり、灰を枯木にふりかけて花を咲かせるという趣向が、同じく聴衆の好みに応じて、自然にそう話さねばならぬことになったか、否かということはだいぶ不確かになってくる。「雁の眼さ灰はいれ」も、かなり荒っぽい空気ではあるが、これは鉄砲が行きわたらず、この鳥の数の多かった時代には、朝晩ずいぶん低いところを鳴いて通ったことを私らさえ記憶している。まして東北の田舎ならば、灰によってここまで考えが走ってもそう不自然ではない。これに反して一方はその根拠がなく、かつやや書巻の臭気さえあるのである。あるいは親切なる民間作家の、部分的作品でなかったとは断じがたい。とにかくにこれはそう古い変化ではなさそうである。

東北の雁取り話では、事件が三段に展開することになっているが、竹伐り・猿地蔵・団《だん》子浄土《ごじようど》などの、多くの隣の爺型の昔話は、いずれも一回きりで運不運が決着する。正直な爺の成功のすぐ後から、悪い爺が出てきて逆なことをして、失敗するのも一度である。犬を中心にした兄弟話では、黄金小犬というのが二段になっている。欲な兄きは借りて来ても犬が黄金をひらぬので、怒って打ち殺し弟がその屍を埋める。そうするとその土から黄金のなる木が成長する。それが今日の蜜柑だなどという例は多くの土地にある。前に引用した天の米倉を突き破った竹の話も、二段で結末を告げる。この白黒対照の興味を、さらにもう一段と増高しようとしたものが、すなわち雁取りや花咲かせになるのだろうが、一夜に竹や木が大きくなったというだけでも、相応によくまとまった結末だから、灰から以後は中古からの付け足しであったかもしれぬ。ぜひともこう帰着せねばならぬという、話自身からの要求はなかったようである。

ところが近ごろ高橋盛孝君の研究によって初めて知ったのだが、支那には現在も枯樹開花、もしくは狗《く》耕園《こうえん》という名で、花咲爺とよく似た説話が、かなり広く分布しているそうである（『昔話研究』一巻九号）。発端は善兄悪弟で、犬を殺して埋めた塚に竹を生じ、それを籠にして漁獲多しというは日本の臼と同じく、さらに焼き捨てられた灰を散じて、宰相の家の枯牡丹に花を咲かせたという話までも続いているという。これを偶合ということは何人にもできぬとともに、それが何かの機会で日本に入ってきてから、つぎつぎ分布して雁取りや天上の米倉を突き破る話に、変化していったろうということも考えられず、さりとて上古以来こういう形で、双方一致した説話を持っていたろうとはなお言えない。私のこれに対する解釈は、犬を子にして長者になったという昔話が、各地それぞれの時代の需要に応じて、おいおいと修飾せられまた敷衍《ふえん》せられる場合に、最も海外文化の入口に近く、かつ童話化の意識をもっていた人だけが、たぶん読書の知識によって、知りつつ双方の説話を接近せしめたものかと思う。『燕石雑誌《えんせきざつし》』[20]の著者やその信奉者たちは、一部に一致があればただちに伝来と翻訳とを承認し、残りの変化は後からの加工と見ることを苦にしないが、もともと国内にまるで種のない話が、どうしてやすやすと万人の口頭伝承を、支配するかということは説明しえないのである。昔話のまるごとの移植ということは、今日ですら決して行われてはいない。接木《つぎき》接穂《つぎほ》ということは台木のあることを意味し、またその台木のほぼ同種のものなることを必要とする。そうして似寄った性質の樹木というだけなら、ずいぶん飛び離れた異境にも古くから分布している。われわれが一致を驚くのは、主としてその成長のし方、すなわち現在の形になるまでの経過である。もとは一つの説話であっても、国内ですらすでに変化が区々である。これが外国のとよく似ているとすれば、原因はむしろ新しい時代になければならないのである。

いわゆる花咲爺の場合でいうと、神から授かった物を言う犬、それが養い主の善人の爺を富ませ死してもなお死せずして、霊妙なる大木に化したというまでは、かりに類似の話が異民族の中に多くあろうとも、なおわれわれはこれを日本の国産と見ることができる。問題になるのはさらにその木の灰をもって、若干の奇瑞を現じえたということが、すべて近世の船載にかかるか、ただしはまたここにもある種の偶合と歩み寄りがあったか。すなわち上の爺下の爺の「雁の眼へ灰」は、花咲かせの灰からの新しい変形か、もしくは別に奥州の座頭らが、すでにそういう灰利用の趣向を設けていたので、そのために新たに読書知識から導き込まれたらしい枯木に花というような灰まきの挿話までが、格別に流布しやすかったかにあって、これはまだ現存の資料だけからでは、私たちには決定することがむつかしい。

九

われわれがまだ本式には説明しえない理由によって、世界の諸民族の説話はしばしば一致している。これからもその実例は増加する一方であろうと思う。人や商業にはほぼ完全なる鎖国が行われていた時代にも、この方面には下に行き通うものがあったと同じく、遠い大昔のまだ学問の光の届かぬ区域においても、なおかつこの一筋の通路だけは、ありありと四方に伸びつながっているのである。支那やインドであればこそ、輸入を説くこともやや容易であるが、類似は決してそんな狭い範囲に限られてはいない。たとえば犬を養うて富貴を得たという話なども、思いがけぬ異色人の社会に、似た例はいくらでも出てきそうなのである。だからわれわれは説話の伝播に、古今悠久の時の長さがあり、また幾度かの寄せきたる浪があったことを認めなければならぬ。そうしてその最も目につきやすい前面の一つの例だけを見て、ただちに根原を決するような速断を戒めなければならぬのである。根原の研究は大切でまた興味をひかれるが、その終結は実はほど遠い。徐々とその方角へ歩みを運ぶにしても、まずわれわれは国内の変化、すなわち今ある形に伴のうている日本的なるものを明らかにしてかかる必要がある。そうしてその部分が比較的効を奏しやすいと思っている。

一つの例をいうと、花咲爺が殿様のお通りに出逢って、日本一の花咲爺と声高《こわだか》に名乗るという段は、おとなが聞いても心持ちがよい。幼い聴衆が喜びかつ感動したことは十分に察せられ、そのためにまた近ごろの絵本などにも、爺が高い木の梢に登り、あるいは扇をひろげて笑っているところなどを描いたものが多いのである。そうしてこの部分は輸入ではなかった。かつて竹伐爺についても説いたように、日本一というのは有名なる、または評判のという文句と似たものであった。だから土地によっては「前々の屁ひり爺でござる」ともいい、古いところでは「いにしへの世々の竹取」という歌にもなっている。その興味多き一場面またはポウズがふたたびここに転用せられているのである。殿様が出てござって「そこにいるのは何者ぞ」、もしくは「そんなら一つ花を咲かせてみい」という類の問答がある個条なども、竹切りのほうには地方的の変化があり、かつずっと複雑になっていて、これには地主や山の神が、盗伐をとがめたように話す例もある。花咲爺のほうでは自分で隠し芸を触れてあるかぬかぎり、実は殿様にも気が付かぬただの爺に過ぎなかったので、つまりは一方の古くからあるおもしろい形を、ここへちょいと借りてきたことがよくわかる。越後中蒲原郡の「花降《はなふ》り爺」などでも、松の木の高い枝に登って灰をまく詞に、チリリンパラリンゴヨノマッというなどは、やはりまた東北一帯の竹伐爺の屁の音と同じであった。それから隣の爺が尻を斬られて帰ってくるのを、婆が遠くから眺めて赤い衣裳を着てくるそうな。こんな古い着物はもう用はないと、せせなぎの中へ突っ込んでしまったとあるのも、屁の失敗ならばこそ似つかわしいが、ここにはまことに用のない尻斬られであった。子供に聞かせる昔話などは、今も昔もいたって軽い心で、ほんのあり合わせの継ぎはぎをするものが多い。しかもそういう中からでも、間接に国の民間文芸の歴史はうかがわれるのである。それをただ一片の伝来説をもって、かたづけてしまおうとする人たちは親切だとはいえない。

（付記）本篇に引用した各地の実例の、特に出所を付記してないものは、すべて雑誌『昔話研究』[21]の中に出ている。この中にはもっと多くの好資料があるように思ったが、今はただその場その場の参考として記憶に浮かんだもののみを挙げておくことにした。

（昭和十二年三月『文学』）

猿地蔵

一

故佐々木君の『江刺郡昔話《えさし》』[22]（大正十一年）以来、猿地蔵の説話のわが国で採集せられたものが、岩手県に五つ、青森県に七つ、秋田県に二つ、中部では長野県に一つ、中国では島根と広島とに各一つ、九州では大分県に二つ、福岡・熊本の二県にも各一つで通計二十一、他に筑後《ちくご》と喜界島とに変わり型があり、紀州の田辺にも痕跡が一つ見出されている。これと今から六百三十余年前、嘉元二年になったという『雑談集《ぞうだんしゅう》』[23]巻二の、たった一つの文書記録とを引き合わせてみると、われわれには一通り昔話というものの、新しくなっていく傾向が察せられるだけでなく、中古以前といえどもなおかつ成長し、またそれぞれの時とところとに応じて、つぎつぎ変化するものが昔話であって、書冊のたまたまこれを保存しているものも、その単なるある一つの段階を代表するに過ぎなかったことが、わかってくるように思われる。こういう記録がまったく欠けているか、もしくはこの十五年間の採集が、かりに少しも試みられなかった場合、学者がおおよそどのような解説を下そうとするだろうかを考えてみると、いたって微小なる果実とはいいながらも、やはりわれわれは注意してこれを収穫しておく必要を認めざるをえない。

二

記述のくり返しを避けるために、最初に江刺郡の一例を掲げ、それを分析して標準尺の目盛りとし、変化の特にどの部分に多いかを見ようと思う。猿地蔵という名称は用いぬ土地が多い。ここでも「猿らと二人の爺の話」とあるが、これは筆者の付したものかと思う。

一、爺が蕎麦《そば》焼餅を昼弁当に持って山畑に行って草取りをしていると、山から多くの猿が来て焼餅を取って食べてしまう。それを畑のまん中に坐ったまま、黙って爺が見ていると、

二、猿どもは、ここに地蔵様がござる。こんなところに置き申してはもったいないから、川の向こうのお堂に守り申せと、めいめい手車を組んで爺を載せ、川を徒渉して行くとて囃《はや》し詞を唱える。

猿ぺのこよごすとも
地蔵ぺのこよごすな

三、これを聞いておかしかったけれども、じっと目を閉じてがまんしていると、やがて

対岸の山のお堂にかつぎ込んで上座にすえ、多くの猿が代わる代わるお賽銭を上げて、皆どこへか行ってしまう。あとで爺はその金を集めて、いろいろ美しい着物などを買って家に帰ってくる。

四、隣の婆がやって来てそれを見てたいそう羨み、さっそく自分の家の爺を勧めてまねをさせる。爺が蕎麦焼餅を持って山畑へ行き同じことをすると、同じように猿が来て手車に載せ、同じ囃し詞を唱えて川を渡る。

五、その文句があまりおかしいので、思わず吹き出してしまって、川のまん中で眼をあけた。そうすると猿どもは驚きかつ怒り、手車の手を解いたから爺は水に流され、やっと川楊の枝につかまって助かって帰ってくる。

六、うちでは婆がそんなこととは知らず、今に美しい衣類を買ってもどると思い、古いのは皆焼いてしまって裸になって待っている。そうして爺がぬれねずみになって泣いて帰るのを、あれあれおらが爺は歌をうたってくると言った。

三

右の六節のうちで、四と六とには少しでも特色がない。花咲爺やその前型の屁ひり爺を始め、善悪両隣の老夫婦を説く場合は、いつでもこの通り羨んでまねて、まねそこなったことになっている。人によって少しずつは、即座の機転でも話しかえられる代わりに、その変化の範囲がいたって限られているのは、それがある一つの説話の主要部分ではなくして、掛軸でいうなら表装のような役目を、果たしていたがためだと思う。話術としてはここでもう一度、前のよい爺の話の興味ある個条を再演して、印象を濃厚にする効果を収めるのだが、それもよっぽど幼稚な聞き手でないと歓迎せず、したがって近ごろはよく短い言葉をもって、略叙せられようとする部分になっている。第五段もちょうど第三段の裏を行くだけで、新たな空想が働く余地のはなはだ少ない区域であった。そうして一方のよい爺が、笑いを忍んでじっとしていたために、おびただしい財貨を得て戻ったに対して、まね爺にはその辛抱ができないでひどい目にあったということは、これもこの話だけの特徴ではなくして、たとえば鬼の博奕《ばくち》を見て鶏の啼声をまねるという地蔵浄土の昔話でも、九州・東北ともに笑って失敗したという例がいくつもある。ただその双方がともに地蔵であるという点から、何か下に隠れたる意味が、あったのではないかという想像は浮かぶのだが、それも今のところではまだ少しもわかっておらぬのである。

四

この「笑いの咎《とが》」とも名づくべき一趣向は、広く世界に行きわたり、またかなり原始的のもののようにも思われる。これが近代非常に盛んになった笑話の根源と、いかなる交渉をもつかは考えてみてもよい問題であるが、猿地蔵がはたしてその代表的の資料として、解決に寄与するか否かも実はまだ決しがたい。というわけは話が好い爺のつつしんで笑わなかったということを中心として、しだいに展開してきたものと考えるべく、あまりにも前段が奇抜であり不可解であり、また割合に変化が乏しいからで、ことによるとこのほうがまず生まれて、後に笑ってしくじったという個条が、気軽に取って付けられたのかもしれぬからである。

それで最初にまず川を渡っていく猿の群れの、囃し詞というものを比較してみると、これはなるほど笑わなかったほうがどうかしていると、思われるくらいのおかしい文句だが、全国どこへ行っても大体に同じ型で、わずかに三つか四つの話しかえを見るのほか、ほとんど皆ここに話の山を置こうとしているように見える。筑前鞍手郡で採集せられたのは地蔵といわず、爺に頭巾《ずきん》をかぶせ、美しい衣裳を着せて駕籠《かご》でかついで、

猿はぬれても爺さんなぬらしゃせぬヨイショコラ

と囃したとあるが、それじゃ格別おかしくも何ともない。一方奥州五戸《ごのへ》の一話には「猿の舟ぬらすとも地蔵の舟ぬらすな」と歌ったとあるが、これなども話者が注意深い女性であったことを察せしむるのみで、これでたまらなく隣の爺が笑ったろうとは受け取れない。そうして他の多くは皆笑うべきものを笑っているのである。その中でも森口多里君の『黄金の馬』[24]に、載録せられたものなどは形がさらにおかしく、隣の爺が笑うと猿は心づいて、

地蔵ふんぐり流すとも
猿ふんぐり流すな

と逆に歌いかえて、即座に贋物《にせもの》を川へ流したといっている。これらを見わたしていくと子供らが、この話をただ「猿ふぐり」の名で記憶していても、少しも不思議はないので、少なくとも笑いの罰のモチーフなどは、ここではもう埋没してしまっているのである。

五

話はどうしてもそう上品でありえないが、ここになお屁問答ともいうべき子供らしい一節を伴うものがある。初めてそれが採集せられたのは、久長興仁君の石見国の例で、『旅[25]と伝説』の第一昔話号に報告せられている。よい爺が山で酒の泉に行き当たり、飲んで酔って寝ていると、猿どもがやってきて、おおここに地蔵さんが寝てござると、かついでいきながら爺と問答をする。

「ぶらッと下がったァなァんじゃい」
「お香の袋」
「ぷうンと出たァなァんじゃい」

「お香のにほい」

と爺が返事をして、とうとう地蔵になりすましていろいろのお供物を受けた。ところがまね爺のほうは順序が逆で、おならが先へ出たのでおかしくなってくすくすと笑うと、たちまち露顕してさんざんに引っ掻かれたとなっている。安芸《あき》の山県《やまがた》郡にあるのもやはりこの型だが、途中で屁が出たのを、

「今のは何の音なら」

「ありゃりんの音よ」

という問答はちと無理であり、また隣の爺は笑いもせぬうちにくすぐり殺される。しかしこの話は必ずしも中国のある地方で考案せられた新意匠でもなかった。豊後の杵築《きづき》でも「地蔵のちんちんぬうるるな」という滑稽な囃し詞の後に、やはりこれと同じい二度の問答をして、「こりこそ本当のお地蔵様」と、たくさんの供え物を上げる。一方隣のまね爺はうっかり屁じゃと答えたばかりに、「こりこそ糞爺」と川の中へほうり込まれたといっている。

六

喜界島で採集せられた今一つの話は、猿とも地蔵ともないから別もののようだが、中間に右の屁問答を置いて考えると、連絡はかなりはっきりとつく。昔ある男が身に濡紙をはって、阿旦《あだん》の葉を採りにいくと、数多の鬼が出てきて男の耳や乳を引っ張り、これは何という物かと三度問答をする。その三度目がやはり「ふぐり」になっている。そうしてまた後にまねをした男は、人間とわかって食われたというから、最初の紙をはった男の方は、人でないものと認められていたらしいのである。鬼に耳を引かれた耳切団一の話とも似ているが、これには何かもう一つ前の形のやや猿地蔵と近いものがあったために、融合してしまったのではないかと思う。東北地方の狐話の中に、夫婦が夜分互いの身の内を探って、問答していたのを立ち聞きせられたという、ややみだりがましいものが残っている。あるいは婆さんの尻べたの三つ疣《いぼ》を狐が知っていて役人に化けて、取りにきたという話も越後にはある。そういうのを一つ一つ取り上げてみただけでは、起こりを知ることも容易でないが、今後もう一つか二つ、喜界のような例が採集せられるならば、あるいはまた別種の古い趣向の、これらの昔話に影響していたものを、発見することができるかもしれない。まずそれまでの間はかりに中国以西の猿地蔵話に、屁問答というかわった型があるというだけを、注意しておけばそれでよかろうかと思う。

七

次に第三の地蔵とまちがえられた爺が、じっとがまんをして笑わなかったおかげに、うまくありついたという幸せにも変化は少ない。賽銭《さいせん》を寄せ集めて好い着物を買って帰ったというのが、あるいは餅になったり果物になったり、どうせ猿だからたいしたことはできぬわけだが、中には爺が空腹のあまりに、手を出してむしゃむしゃ食ったところが、猿どもはそれを見て無上にありがたがり、次には黄金を持って来て供えたというのもある(『紫波郡昔話』)。羽後角館の話はそれよりもさらに昔話らしく、爺の体が少し傾きかけると、やア地蔵様が転びそうだ。早く千両箱を持って来てあてがえと年寄猿がいう。その通りにするとまた一方へかしぐので、そりゃ今度はこっちのほうからとまた一つ千両箱を出してきてささえる。そうして行ってしまった後で、その二箱をかついでさっさと戻ってくる。まねをした隣の爺はもう一つせしめてやろうと、三度目にまた前へ傾いてもう一つ千両箱を当ててもらったはよいが、猿の手がさわってくすぐったくなって思わず笑い出し、それでたちまち化けていたことが露顕したという話になっている。大体にまずこの程度の、強いて求めた変化が一つ二つあるだけで、多数は皆供え物を収得して帰るというのが結末であった。

八

ところがただ一種だけ、かなり奇抜な飛び離れた型が、奥州の旧南部領内に四つばかり拾い出されている。猿どもは例の猿ふぐり云々の歌を唱えて、爺をかついでお堂の中に安置し、代わる代わる地蔵様の機嫌をとる。そうすると地蔵になった爺が、男猿は山さ行って木を切ってきて大槌《つち》をこしらえろ。女猿は町さ出て布と針とを買ってきて大きな袋を縫えと命令し、猿を残らずその大袋の中に入れてしまった。そうして袋の口を少しあけて、出て来る猿を一匹一匹、その大きな槌で打ち殺し、その皮や肉を持ち出して、こう言って町をふれあるいて売った。

猿皮三十、みは六十
こうべ三百、はァちょん百はァちょん百

そうしてにわか金持になったというので、これにはもちろんまねそこないを説く余地がない。

八戸《はちのへ》地方の例では、猿の家へ爺をかついでいって神棚に坐らせ、猿たちは代わる代わる地蔵様地蔵様、何がお好きだというので、おれは「やまが槌」が好きだとそういうと、それを拵えてもって来て供える。猿どもが寝静まって後に、神棚から下りてその槌を揮い、片端から打ち殺したというのがおしまいであり、五戸《ごのへ》でもその猿を持って帰って猿汁を煮て食ったといい、後はまったく雁取り爺の通りになっているが、鹿角《かづの》地方へ行くと、やはり「猿こ三百身は六十云々」の文句を伴う話になっている。いかにも痛快でまた粗暴な、狩猟時代の一つ古い型ででもあるように見えるかしらぬが、実際はこの方面限りの座頭どもの新案で、これもまた一種の笑話化であったように、私などは鑑定している。似た例は狐退治譚の全国的なものを、東北だけで改作しているのがある。多くの狐がだまされて袋に入ったところを、上から太い棒でなぐりつけたというので、その棒の音と狐の苦しがって鳴く声とを、琵琶の調子で模倣して人を笑わせていた。たぶんは「猿こ三百」なども振り売りの言葉ではなくて、もとは大祐《だいゆう》神社の鮭捕りの囃しごとと同様に、袋の猿を打ち殺したという語りの合《あい》の手であったろうと思う。

昔話の二つ以上ある変化の、いずれが前のものいずれが後ということは、そう簡単には決しえられぬのが普通だが、これは右にいう想像以外にも、現在の分布がまだいちじるしく狭いこと、および六百年前から保存せられている記録が、やはり今日最も数多く行われている口頭の伝承と、順序と要点とにおいてほぼ一致していることが、ともにこの槌と袋の形の新しい改定であることを指示するので、老いたる無住《むじゅう》法師の気まぐれなる筆豆も、ここでは意外の援助をわれわれに残しているのである。

九

『雑談集』巻二の本文は至って簡略で、筆者が意を加え修飾したと思う形跡はほとんど見えない。すなわちあの時代関東または尾張《おわり》の民間に、流布していた「猿地蔵」はこういう形であったのである。

昔アル山里ニ、マメ祖物グサ祖トテ隣家ニテ栖ケリ。マメ祖ハ朝夕田畠作リ、大豆小豆粟ナドマデタノシクモチタリケリ。或時畠作リクタビレテ、居眠リシタルヲ猿ドモ見テ、仏ノオハシマス供養セントテ、薯蕷・野老《ところ》・栗・椎ナド多ク将来テ、山塚ト前ニトリオキテ去ニケリ。フスフス負テカヘリヌ。物グサ祖ガ姥セガミテ云ヒタタシ、装束アリテキテ行ヌ。イザコノ仏河ムカヘニ具シテ行テ供養セントテ、手車ニノセテ、山河ノ早ク深ヲワタリケルガ、ヤレ袴カキアゲヨトテ尻毛ヲカキアゲケルヲカシサニ、フト笑ヒタリケレバ、ヤレ人ニテアリケリトテ河ニ投入テケリ。衣裳ヌラシテ水一腹ノミテ、死ナヌバカリニテカヘリテケリ。婆イヨイヨニクミ腹立ケリ。ヨシナキ物ノマネスベカラズ。

現在の同系説話と対照して興味をひかれる点がいくつかある。その一つは地蔵様とは言わずに、単に仏のおわしますとあることで、これでいく分か問題が写実に近く感じられる。

地蔵は通例石像だから、爺がそれに見られるのはまちがいがあまり頓狂だが、仏ならば木を刻み衣裳を着せ申したものもありえたので、現にここでも隣の爺には、「装束ありて着て行きけり」といっている。地蔵が昔話の人気役者であり、また小児の親しき友であったゆえに、後にはどこでもこれを呼び出すことになったのであろうが、そのおかげにこの話はのっけから笑話になってしまった。すなわち前に掲げた喜界島の阿旦林の鬼の話などと考え合わせて、もう少しまじめなもとの形が、かつてはあったことを推測せしめるのである。

一〇

次に隣の爺がまねをして失敗した笑いの種を、さすがに『雑談集』ではやや上品に、川を徒渉しようとして猿どもが口々にやれ袴《はかま》をかき上げよと言って尻毛をなで上げたというのが、鳥羽僧正の絵巻を見るようで無上になつかしい。これは中世の雑人《ぞうにん》が川を越すときに、おそらく最も普通にいう言葉であり、また最も見なれたる挙動でもあったろう。それを猿がさも人間らしく、尻毛をかき上げつつそういったとしたら、隣の爺でなくても誰だって笑うだろう。これが無住の独創でもしないならば、中世日本のユウモアも決して隅には置けない。しかもこういう洒落《しゃれ》がだんだん不明になって、代わりにできたと思うふぐりの歌なども、少しげびてはいるが、簡潔でよく同等の効果を挙げている。すなわちここでは何かぜひとも笑わせるような言葉を必要としていたのである。

ただこれを現在のように改作してみると、猿でなければならぬ理由はほとんどなく、したがってこの昔話のツレの役が、最初から何か別の理由によって、猿であったように誰しも考えさせられるが、前の形から想像すると、この袴をかきあげた人まねの挙動を、おかしくするために猿にしただけで、もとは他の動物でも鬼でも、よかった時代があったともいわれぬことはない。後藤貞夫君の引用した豊後東国東《くにさき》郡の例では、爺が川端で眠っていたところを、猿と蟹とに運ばれていったというのもある。筑後の八女《やめ》郡で採集した昔話には、爺が誤って糊を頭からかぶり、山で洗って岩の上で休んでいると、山の上から狐と狸と兎とが出てきて、これはこれはよい地蔵様ができたと、菓子や饅頭《まんじゅう》や花を上げたというのがあり、これはまね爺が手車の囃し詞を聞いて、おかしくて吹き出して贋物《にせもの》が露《あら》われたとあるだけで、その文句がもうはっきりとは残っていないが、同じ話であることは疑いがない。すなわち地蔵も鎌倉期以後に地蔵ときまったと同じく、猿も本来はぜひとも猿でなければならぬ理由はなく、これも一種の動物援助譚の、やや珍しい形であったものが、話し方の後々の都合で、ついに今ある猿地蔵の式に、固定したものであったかもしれぬ。

一一

爺が山畠にくたびれて昼寝をしていて、猿に仏像とまちがえられるという点は、あまりにも無造作な趣向であって、いくら『雑談集』にそうあろうとも、これを本来の筋とは見ることができない。そうしてまた現在の口で伝えている昔話においても、ここが最も複雑に変化している部分である。私の想像では、この変化には早くから土地ごとの方針みたようなものがあって、必ずしも新しいものにならうことができなかったのではないかと思う。二十いくつの例を並べてみると、少なくとも三通りの違った型が挙げられる。かりに名をつけるならば、一つは偶然型、次は計画型、第三は謝恩型ともいうべきもので、居眠りしていたら云々という話し方は、この一と三との合の子のようなものだったかとも思うのである。

まず偶然に猿を誤解させた例をあげると、これは九州のほうにならばまだ見つかるかもしれぬ。豊後の杵築《きづき》でいうのは、爺が山田を打っているところへ婆がハッタイ（炒粉）を昼餉《ひるげ》に持ってくる。それが乾いていたので顔一ぱいに引っついたまま休んでいると、猿が出て来てこれを見つけ、「川原のお地蔵様がここまで来て憩《よこ》いよら」といい、それから猿ちんちんの囃し詞、屁問答になっていくのである。筑後八女郡でも前にいう通り、爺が棚の飯櫃《めしびつ》を下そうとすると、それが飯ではなくて婆の糊だったので、頭から糊をかぶって川へ洗いに行き、岩の上で休んでいたとなっている。ともにだまそうと思ってそうしたのでもないが、偶然に地蔵様のように見えたので、無心の挙動が幸運の糸口に役立ったという、昔話の古風にかなった話し方といってもよい。

二

これは東北地方に今も行われている風習の一つ、春ごとの祭の日に路傍の石仏を白く塗り、または穀粉にまぶしたてる行事と、関係のあることが推察せられる。すなわち粉だらけの顔をしていたがゆえに、猿にも地蔵様かと思われたらしいのである。しかも奥羽のほうでも稗《ひえ》しとぎを身に塗って畠の傍に爺が坐っていたらといい（上閉伊郡）、または粢《しとぎ》を塗りたくって畠に行って坐っていたらともいうが（五戸）、たいていはその行為には目的があったのである。たとえば羽後の角館では、山畠を猿兎に荒らされて困る爺が、白餅を身に塗りたてて、裸で畠の番をしていたといい、五戸のいま一つの話では、あらき起しをして粟を播き猿追いをする爺が、粢を身に塗って石の上に坐って地蔵のまねをしたとある。鹿角《かづの》郡の宮川村の話は、『旅と伝説』の第二昔話号に出ているが、これなどは向こうの河原を猿が石地蔵をかついでいくのを見て、こいつはおもしろいと自分も米の粉を身にまぶし、臼を引くりかえしてその上に立っていると、猿どもはここにも地蔵様がござると、手車に載せていろいろの歌を唱えたとある。「自分も」とあるからには本物の石地蔵にも、同じく白い粉を塗っていたのである。

あるいはまた信州の『小県郡民譚集』のように、ただ単にある人が地蔵のまねをしていたらという例もあるが、これはおそらく話がもとあって忘れられたので、何らか理由がなくては、そんなまねをわざわざするはずはない。だから八戸地方などでも、三つの話が三つとも、粟畠、蕎麦《そば》畠を猿に荒らされ、または豆畠を鳩にほじくられて困るので、婆と相談の上、粢とか蕎麦の粉とかを顔にもからだにも塗って、畠のまん中の根株の上に坐っていた、というふうになっているのである。あるいは害獣を追うために、畠のまん中に石仏を祀る習俗があったのかもしれぬ。とにかくこうなると話はよほど狸退治などと近くなる。したがって槌で袋の猿を打ち殺し、猿汁をこしらえて食うという話し方も、そう乱暴な作り替えではないということになるのである。

一三

しかしこういうのが一番古い型で、話は最初は皆これであったかというと、それはまた別の問題であって、現に今日まだ残っているいろいろの話し方の中でも、これより前のものだろうと思われるものがあるのである。大体に人間の智慮才覚が働いて成功したという類の話は、自然にまたは思いがけなく幸運を得たというものよりも、後から現れたと見るのが普通である。人にはとうてい知ることのできぬ法則が、隠れて行われているのだということを、信じてすましてはおられぬ世の中になって、初めてこういったわかりやすい原因を考え出すか、または途法もない偶然を空想しだしたものらしいが、もうその時代に入るといま一つ前の形は、満足には伝わっておらぬので、これを見つけだすのがそう容易でないのである。

この「猿地蔵」の話についてみても、右に列記した二つの場合以外のものは、もうだいぶこわれて明瞭にその範囲を指示することができない。これを謝恩型と名づけるのも当っておらぬかもしらぬが、とにかくに別にいま一つの猿に地蔵と見られる原因が、あったことだけは認めることができる。この篇の初頭に梗概を挙げておいた、『江刺郡昔話』がその一つの例である。爺は山畠の草取りに、蕎麦焼餅を弁当に持って行き、それを木の枝に掛けておくと、猿どもが出てきて取って食った。それでも畠のまん中に坐ったまま、だまって見ていたところが、やがて猿どもが近よってきて、ここに地蔵様がござる云々と言い出すのである。織田秀雄君の集めた胆沢《いさわ》郡の昔話でも、やはり山畠で爺の蕎麦焼餅を食ってしまった猿が、ああもったいない地蔵様だ、川向かいの堂に奉り申すべと口々にいって、手車に載せて例の猿ふぐりの囃しをしながら行くとある。少なくともこの二つの話にあっては、勝手に弁当の焼餅を食わせておいて、追い払おうともしなかったことが、まず猿どもに好感を持たせたらしいのである。

一四

『雑談集』にはただ手軽に、くたびれて居睡りをしていたとあるが、全体山畠へ行って寝てしまうなどということは、農民として普通の所行ではないから、ここにおそらく何らかの意味があるのだろう。現行の昔話でも、芸州山県郡の例を始め、同じ気楽な爺の話が二つ三つあり、石州のは山中に酒の泉を見つけ、それをたらふく飲んで眠っていたとさえいうが、そういう無頓着な浮世離れのした老爺なればこそ、猿に地蔵とまちがえられたのだと、いうような意味もあったのではなかろうか。ずっと遠くの例だが鈴木清美君の『宇佐《うさ》郡昔話』にも、山薯《やまいも》ほりに行った農夫が、弁当を猿に食われてしまって、仕方がないのでごろりと横になっていると、ここに地蔵様が寝ていると一匹の猿が、多くの友を呼び集めて、「猿の尻は濡らしても云々」と唱えながら、かたげていったことになっている（『旅と伝説』第二昔話号）。

これと第二の型の猿追い猿の番の話とは、脈絡があるように私には考えられる。すなわち後者も猿の畠を荒らすのを制止しにはいったのだけれども、やはり畠のまん中などに坐り込んでいて、成績はあがらなかったらしいから、結果においてはほぼ同じであった。現に羽後の角館などではここに見たことのない地蔵様がある。これを川向こうへ守り申して、あとでゆっくり餅を食うべやと、千両箱二つを尻のささえにしておいて、猿どもは餅を食いにまた出ていったとある。要するにこれもまた彼らを喜ばしむに足りた一種の供養であったために、測らざる恩賞を得たものと解せられるのである。単に山の畠に坐睡《いねむり》していたのみで、地蔵の待遇を受けたということは、うそにしてもあまりに筋が立っていない。だから『雑談集』がなんぼ古い記録でも、なおこの点には脱落または省略があったものと、私などは推定しているのである。

一五

そこで最後にはこの書物の中だけにあるマメ祖、モノグサ祖の人名について、一通り考えてみたい。マメはもとよりモノグサの懶惰《らんだ》に対する語で、二人性情の相反する隣どしの老翁を、並べ比べて説こうとする昔話独特の話術によるものであろうが、これが幸運の爺の名前になり、モノグサが隣のまねそこないをするほうの爺の名となっているのは、私にはむしろ意外の感がある。高名なる物臭《ものぐさ》太郎の御伽《おとぎ》を始めとして、民間には三年寝太郎の聟入《むこいり》譚のごとく、凡人の目にはなまけ者の役に立たずとしか見えなかった若者が、後に万福長者となってめでたしめでたしを告げることは、ほとんど昔話の常例であり、また決してわが国ばかりの特徴でもない。これに反してその物ぐさが機会を失し、つまずきおちぶれ難儀をするというなどは、あまりにありふれた平凡の法則であるためか、これまでめったに昔話の題材とはなっておらぬ。いくらくたびれたとはいっても、畠に出てぐっすり寝込んでしまうような爺を、マメ祖と呼ぶことも実は解せぬ話で、私にはこれが二人の爺の名を取り違えたのではなくして、元来は物ぐさ爺という名だけがあって、それが主人公のよい爺のほうの名だったのを、無住法師またはその同業などの単純なる倫理観から、そういうはずがないと思って、わざとかまたは知らずにか、これを隣の悪い爺のほうに譲らしめ、別にそれと対立するようなマメ祖の名を、新調したもののごとく考えられる。むろんまだいろいろの証拠を重ねるまでは、断定することは許されないが、少なくとも今ある二十いくつの同系説話を見わたしても、マメと形容してよい主人公は一人もないのみか、むしろ笑いもせずに猿の手車に乗って行ったり、弁当を食われてあきらめて寝てしまったりするような、やや遅鈍な人のよい爺が、予想もせぬ幸せにありついた話ばかり多いのである。謝恩とはいってもこの爺の弁当は、猿に食わせようと思って持ってきたのでない。単にその態度が淡泊であり飄逸《ひょういつ》であるために、不思議に天然の気にかなって、一人だけ最も豊かに酬いられたので、その成り立ちからいうと、これはいわゆる動物援助譚の、古い形に属すべきものだったかと思う。何にもせよ口承も書承も、ともに本有の形からはすでに遠ざかっている。そうして一部分は後者のつとに失っているものを、前者がなお六百年以上も持ち伝えていてくれたのである。書物にあるからそれがまた古いから、そのほうがより多く純粋であろうと、思うだけでもすでに誤っている。ましてやたまたまただ一つ残っていた記録を正しとし、その他の口碑はすべてそれからの零落のごとく見ようとするなどは、まったく何のよりどころもない迷信の一種である。かりにもそういう基礎の上に、説話の国際比較などを試みる者があるとしたら、その結論のあぶなさかげんは、かえって全然の無学よりもはなはだしかろうと思う。

（昭和十一年八月、九月『昔話研究』）

かちかち山

一

かちかち山の狸話は、日本人の常の思想に反するから、国固有のものでないといった人がある。私も前年それほど断定的にではないが、もしもこの昔々が流行せず、かつ文人がこの獣の毛を筆に用いなかったら、日本の狸は今少し幸福であったろうにと歎息したことがある。すなわちやはり内々は固有でないように思っていたのである。昔話の固有ということが、単に千年も前からわが国にあったというだけの意味ならば、この説は大体当を得ている。しかしもう一歩を進めて外国から来たもの、書物で学んだものというふうに主張しようとするのであったら、それは証拠のとても見つけられそうにない話である。『燕石《えんせき》雑誌《ざっし》』の著者が挙げたくらいの類似ならば、そう広く捜さずともどこにでもある。それを今日のかちかち山の形にまで持ってきたのは、なお日本人であったということにはなるのである。文芸は必ず国民思想の産物でなければならぬように思っている人々に、はたしてそういう系統だった物の見方の中から、多くの歌や物語が出てきたのかどうかを考えてもらうべく、今はちょうどこのかちかち山の童話などが、ころ合いの一つの参考資料であるかもしれない。

二

誰にもすぐ目につく三つの部分、二つのつなぎ目というものがこの童話にはある。最初はかなりとんまで爺の手に捕えられたほどの狸が、婆の稲つきの場面になると、たちまち極度に悪賢い偽善者になって、うまうまと老女をだまして縄をとかせ、相手を殺して変装して、うその狸汁を調理して食わせたのみか、東京などの話し方では、帰りがけに冷酷なる捨てぜりふをしていくのである。人でもこれほど皮肉な者ばかりはいない。それがまた最後に兎に出逢うときは、まるで子供みたように好奇心に釣られて、少しかわいそうなくらいに向こうの言いなり放題になっていて殺される。このような一貫せざる性格というものはありうべきでないが、昔話だけには妙に時々これが見られる。たとえばこれも全国的に著名な「牛方山姥《うしかたやまんば》」の一篇でも、峠で旅商人をおどして積荷も食い、牛も食ってしまうほどの凶暴なる妖怪が、家に帰ってくるとただの婆になって、天井に潜んでいる牛方に餅も食われ甘酒も飲まれ、しまいには大釜に入って寝ているところを蓋をして蒸し殺される。あるいはまた「天道様金の綱」と同じに、樹に登っている男を追いかけてきて、だまされて足の裏に油を塗ってすべったり、もしくは水に映った男の影をとらえようとして溺れたりしている。たぶんはあまりお話が短すぎるか、逃げた負けたというだけで終わっては物足らぬように思われる場合、深くも考えずにこんな継ぎたしをするので、それには幼い聴衆の意向も干渉しているかは知らぬが、作者自身といえどもそうたいしたえらい人ではなかったのである。それでいていったんこんな形がきまると、永く世に伝わりまた広く分布するのは、やはりその一つ一つの部分に、真実と名づけてもよいほどの古い古い由緒があったからで、すなわちまたある場合の、一時のでたらめでなかったためであろうと思う。だからよその民族の民間説話と比較してみる前に、まず国内だけで一通りの変化を明らかにしておく必要がある。それには今日までに集まって来ている材料が、ざっとこれから後に並べるほどあるのである。

三

最初に近代人の趣味に最も合わない部分、すなわち第二段の婆を料理して、狸汁と偽って爺に食べさせるという話が、どうして生まれたろうかを考えてみたい。これはグリムなどの説話集に、勇敢なる童児が鬼の子と寝床を換え、または冠などを取ってかぶって、親鬼にまちがえて自分の子を食わせるというのと近く、西洋では非常に遠い昔の生活の、痕跡だろうということになっているが、普通にはそういう目に会うのは鬼であり、だまして逃げてくるのは英雄であり、その説話の主人公である。しかるに日本では不思議にこの個条が遊離して、主客をとりちがえて別の話にもついている。この種の叙述の写実味がつとになくなって、単なる誇張の挿話として、滑稽と同じ意味に用いられていたのかとも想像するが、もっと類例を探ってみないと、断言することはむろんできない。

一つの最も顕著なる例は、瓜子《うりこ》姫《ひめ》の昔話である。瓜子は瓜の中から生まれた美しい小さな姫で桃太郎と同様に川上から流れてきて、やはり爺婆の手で育てられる。機織が上手で後に殿様に嫁入るべき女性であったのを、アマノジャクという怪物がやって来て、いろいろといじめることになっている。東西日本の話し方の大きな相違は、中部以西の各地の瓜子姫が、梨の木または柿の木の梢に縛られており、鷺や鳶などの啼き声に教えられて、親が気づいて助けおろすというのに反して、奥羽方面の昔話では殺されて食われてしまうのである。そうしてアマノジャクはその瓜子姫の皮を着て、すまして機などを織っているのである。あるいは俎板《まないた》にのせて細かく切って、小豆餅にこしらえて爺婆に食わせたら、うまいうまいと言って食ったなどという無茶なのもあり、村によっては逃げて帰りがけに、「糠屋《ぬかや》の隅《すみ》の骨を見ろ」といったので、初めて美しい姫の殺されたことを知ったというのもある。糠屋は物置のことであるが、壱岐《いき》島などでは土間の片端をもヌカワの隅という。すなわちかちかち山の「流しの下」に当たるのである。遠野あたりの例では家の鶏が、「糠屋の隅を見ろじゃケケロ」と、鳴いて教えることになっている。急いで行って見るとそこに娘の骨が、一まとめにしておいてあったという。その骨をつなぐと不思議な力で、復活してもとの美しい姫になったというふうな、また一つ別の話し方がもとあったのではないかと思うが、そのような形の話はまだ今日までは発見せられぬ。アマノジャクを捉えて仇を返したとあると否とによらず、今ある東北の瓜子姫は、多くはかくのごとく陰惨な、子供には聞かせたくもない話ばかりである。

四

しかも爺婆の町へ嫁入支度を買いにいった留守に、一人で機を織っている瓜子姫のところへ、アマノジャクが忍び寄る光景は、西洋でいう「七つの小羊」、もしくは赤頭巾《あかずきん》などとよく似ている。だましすかして細目に戸を明けさせ、それへ手をかけて押して入ってくるまでの問答は、子供らの最も胸をとどろかして聞く部分であったからか、どこの国でも非常によく発達している。あんまり際どいところまで、こわい話を持っていこうとするので、時々はつい堺を踏み越えて、狼の腹を割いたら生きて出てきたというような、とぼけた話し方をしなければならぬことにもなったのかと思う。日本でも前にいった「天道さん金の綱」という話は、山姥の化けたにせ者の母が、毛だらけの手につわぶきの葉を巻いて、戸の間から子供にさわらせてみるという点まで、西洋の赤頭巾の話と同じだが、こちらでは三人ある兄弟の末の赤ん坊だけが、化けものに食われてしまったことになっている。「おっかさん何を食べているの」と次の間の姉と兄とがたずねると、これだよといって投げてくれたのが小指であった。それでびっくりして二人は逃げ出して樹に登るなどといって、この赤ん坊も、われわれの昔話では復活しないのである。

瓜子姫を主人公とする昔話において、姫が食べられてしまったのでは話にならぬようだが、数ある全国の例の中には、そういう型にはずれた結末のものもいくつかあるのを見ると、誤って身内の者の宍《しし》を食うというごとき気味の悪い空想も、昔話の世界だけにはよくよく根強い魅力をもっていたのである。これが人類のSavagery[26]の、世に隠れたる残塁でもあるように、解せんとする説には私は心服しない。自分でそうした、そういう目に遭わせたと説くのとは違って、狸やアマノジャクというがごときくせ者ならば、何をするか知れたものでない。ましてやこれは昔々、鳥や獣の物を言った世のできごとだというのである。かかる奇抜なまた驚くべき空想は、いったん学んだ以上はいくら文化が進んでも、消えてしまわぬのがむしろ当然であろう。新たに今日の人がこんな趣向を、思い付いたという場合とは話が違う。私はむしろ石斧《せきふ》や石鏃《せきぞく》と同様に、あんまり珍しいので大切に保存せられたものと見ているのである。

五

奥州ではわれわれの花咲爺と同系の昔話に、雁取り爺というのが広く行われている。宝のありかを教える白犬が殺されて、それを埋めた場所にコメの木が生えて一夜にして大木となる。それを臼に彫って搗くと金銀が湧き、それも隣の爺に割って焚かれてしまったが、その灰をもらって来て屋の上に登ってまき散らすと、雁の眼に灰が入ってぱたぱたと空から落ちてくる。慾張爺さんはこれもうらやましくてまねをすると、灰が自分の目に入って、雪隠《せっちん》の屋根からごろごろところがり落ちる。下では棒を持って待っていた婆さんが、雁だと思ってわが爺をたたきつけた。というところまでで話を結ぶところもあれば、それを雁汁にしてうまがって食ったとか、まだ進んでは一きれだけ、しわくて食い切れぬところがあったとまでいう例がある。かちかち山のほうでも秋田県の仙北郡などでは、「婆々、あんまりシネヤ貉《むじな》だねか」と爺がいうと、鴉が屋根の上から「シネヤも道理かねや、ばばあケェツの皮だもの、ガオランガオラン」と鳴いたと話すのだそうである。これは疑うべくもなく田舎座頭《いなかざとう》の細工で、もとより決して上品な趣味ではないが、興に乗ずるとつぎつぎにこういう後日譚までが付加せられてくるので、究竟は昔話が時とともに成長するということが、すべての変化を説明しうるのである。

このかちかち山の第二段のごときは、明らかに西洋の学者のいう動物説話であった。狸が持前の悪智恵と横着とをもって、厄難を脱したということを話の山にしている。これをある農民の老夫婦が、いたずらな狸を生け捕ったという話と繋ぎ付けたばかりに、主客顚倒の不調和が起こっただけである。ことによるとこういう鏈鎖譚めいた話法が、はやった時代があるのかもしれぬが、とにかくこの二つの狸話は、おのおのその部分だけで完結している。そうして後の方は狸を人のように取り扱った一種の冒険譚であった。相手に婆汁のような残虐な損害は与えないけれども、智恵で相手をだまして縄目を脱したという話ならば、これも東北ではそちこちに行われている。たとえば番をしている子供に餅の話などをしかけて、向こうが得意になってこれくらい大きいと、両手で恰好を示そうとする時にするりと逃げてきたとか、またはもう少しオブシーンなる話題を提出して、うっかり気を取られている間に飛び出したような話もある。その主人公が狐でありまたは狸である場合の多いのはむろんだが、おかしいことにはそれを兎だというものも稀でない。兎は土地によっては愚か者の隠語にもなっているが、日本の動物説話においては、比較的重い敵役などを勤めていたようである。

六

その話に入る前にかちかち山の前段、狸と爺婆との交渉を一通り述べてみよう。狸がどういう事情で老翁に捕えられたかは、東京ではやや簡略に過ぎた話し方をしている。以前見たことのある誰だったかの英訳には、山畠に働いている爺の昼弁当を、狸が出て来て盗んで食べたとあった。爺が怒ってその狸をとらえたというのは、何だか狗《いぬ》か猫見たようで少しおかしいが、今ではこういう形が普通になっているらしいのである。小鳥に昼餉《ひるげ》を食われたということは、有名なる「屁ひり爺」の趣向にも用いられて、山畠の爺というのもまた、最も多くの昔話の発端になっているから、この点に格別力を入れて話そうとせぬかぎり、自然にこんなふうに切りつめられてしまうものと思われるが、もとの形はこれよりもずっと曲折があったらしく、少なくとも違った一つの話し方は各地に伝わっている。これも東北地方に流布する例であるが、『聴耳草紙《ききみみぞうし》』という説話集に採録したものをやや詳しく引用すると、爺が山畠で豆をまいている。

一つぶまけば千つぶゥ
二粒まけば二千粒ゥ

と祝い言葉を唱えながらまいていると、狸が出て来て木の伐株に腰を掛けて、こういって爺の歌をひやかす。

ハア一粒まけば一粒よ
二粒まいたら二粒さ
北風ァ吹いて元なしだァ

爺が腹を立てて追って行けば、さっさと山へ逃げて入り、また次の日も同じことをいってからかう。そこで三日目には工夫をして、黐《もち》を持って来てうんとその伐株に塗っておく。それとも知らずに狸はまたのこのこと、同じ株に腰かけて相変わらずにくまれ口をきいて

いるが、爺さんは平気で、

三粒まけば三千粒ゥ

五粒まけば五万だ

と歌いつつ、縄を持って狸のほうへ近づいていくと、どっこい狸はもう逃げることができない。そやつをぐるぐる巻きにしてかついで帰り、さア婆さん晩には狸汁ということになるのである。

七

この話は奥羽のそちこちに採集せられているほかに、また遠州の海岸近くにもある。爺が畑へ出て一生懸命に耕しているのを、狸が出て来て近くの石に腰をかけてからかう。

じいさん畑打ちゃ腰ぼっくりしょ

いまいましい奴だと思って追っかければすぐ逃げ込む。よしよし見ておれと次の日は黐《もち》を持ってきて石の上に塗り、それから後は大体同じ話である（『静岡県伝説昔話集』）。九州のほうでも私は四つの例を知っている。一つは『壱岐島《いきのしま》昔話集』[27]に、一つは『昔話研究』に肥後北部の例として、いま一つは土地を明示せぬが静岡県かと思われ、それに肥前諫早《いさはや》

の話というのが、『口承文学』[28]第八号に出ている。いずれも老人の腰つき手元を嘲ったひやかしの文句で、

　あの爺が田ァ打つにャ
　左鍬にャぎィッくり
　右鍬にャよりよりよりより
　　のちャ尻ャどッさとせ

という類の、子供の興がる囃し詞として伝わっているが、たった一つの変わった点は、肥後の例だけでは石に腰掛けた悪者が、狸でなく猿になっている。したがって後段は狸汁の代わりに猿膾《さるなます》であり、婆を食わせたまでは同じでも、兎の仇討の条は付随していないのである。

　それからトリモチを石に塗っておいたというのも、現在はこれだけかけ隔たって東西の一致があるのだが、ただ一つ壱岐島のかちかち山だけは、糊《のり》をこてこてと塗ったとなっているので、この点にも私は人知れず大きな重要さを認めているのである。鳥を捕るためばかりの木の皮のモチが、普及してから後にこの話は生まれたものと、思うことができぬからである。陸中紫波郡の昔話の中には、狸が狼となっている同系の一話がある。これも爺が畑に豆まきに行って、一粒まいたら千粒になァれと祝してまいていると、山から狼が出

て来て畑の傍の平たい石に坐ってこれを眺めながら、やはり「一粒まけば一粒だァ」と憎まれ口をいっている。それで家に帰ってから婆と二人で餅を搗き、次の朝早くその平石の上に持っていって塗りたくっておく。それが尻にくっついて狼は動くことができず、その晩は狼汁になったとあって、それだけでこの話はおしまいである。田の畔《あぜ》や畑の傍の平たい石や伐株というものには、もとはこれに腰かけて農作の成就《じょうじゅ》を祈念するという用途が、あったのでないかと私は思っている。すなわち狸や猿や狼がこなくても、餅はこの上に塗るために搗いたのではなかったか。とにかく狸の悪口としては、九州などのほうがおもしろかったかもしれぬが、最初の心持ちと爺が腹を立てた理由は、東北のほうがはっきりしているようである。狼は本来山の霊の代表者と認められていた。それが人間と同じに物を言うのが荒唐だといえば、猿だって狸だって同じことである。そういう空想は種なしには起こらなかった。

八

猿は沖縄ではユームー（ヨモ）といっているが、現在は少なくともこの群島に、一匹も棲んでいない。そうしてこれに関する珍しい昔話だけが残っているのである。その昔話というのはやはり全日本に分布するものであった。昔々長者と貧者と二戸軒を並べ、長者は貪慾で無慈悲で、貧しい老夫婦は善人であった。一人の不思議な旅人が来て宿を求める。

一方はすげなく拒絶しこちらは快く款待《かんたい》したので、その礼に尽きぬ宝、若がえりの泉などをたまわるのであるが、沖縄では欲深の長者一家をユームーとなし、山に追いやって跡を隣の貧しい夫婦に与えたとある。そうすると門の脇の一つの石の上へ、毎日猿が来て坐って、恨みを述べ泣き言を並べるのではなはだ困った。しからばこうして見よとの神の教えで、その石を焼いて熱しておくと、そうとも知らずに猿が石の上に坐り、焼けどをしてあわてて逃げていった。それゆえに今でもユームーの尻は赤いのだなどというそうである。肥後の猿艪の昔話なども、ただ偶然にこう変わってきたのではあるまいと思う。人間独特の智慮によって、外部の支障をしりぞけたという点は、モチも焼石もよく似ているからである。山姥、山男の類が人に迫ってきて、恐ろしくて十分の活動のできなかった際に、餅によく似た形の川原の丸石を拾ってきて、小屋の炉の火の傍に焼いて並べておくと、黙って入り込んで怪物がそれを取って食った。それから再びこなくなったという類の話は、昭和の今日なお山奥の小屋では生きている。単にその口碑を記憶するだけでなく、時々は作法としてそういう形の白い石を、焚火の近くに並べておく小屋もあるという話も聞いたことがある。これに反して田畠のほとりに平石や伐株を存する風習などは、今やたいていは消え去りまたは理由を忘れてしまった。狸その他の獣がこれを利用して、人に邪害を加えんとして罰せられたという一話が、もはや独立してその存在を保ちえず、わずかにある動物説話の序品のような地位に痕跡を留めているとしても、それはいたし方がないのである。

九

しかしせっかくの爺の狸汁が、かように悲惨な結末に持っていかれることは、何となく物たりなかったに相違ない。実際また昔々あるところに、爺と婆とがあったとさという語り出しのものに、かくのごとき不愉快な結末を告げる例は他にはないのである。そこで幼い聴衆の失望を慰むべく、爺が泣いているところへ兎が訪ねて来て、仇討を約束したという、渡り廊下見たようなものが発明せられたので、その手本としてはすでに猿蟹合戦の、蜂、栗、石臼らの助太刀の話などがあったことと思われる。とにかくにこういう繋ぎ合わせの起こるよりも前から、いわゆる兎の大手柄を主とした昔話は、別に備わっていたのである。子供は今でもおもしろがって聞くけれども、かちかち山の趣向はあまりに突兀《とっこつ》としていて、なんぼ愚鈍な狸でもそれで納得したということが、考えて見ると少し変である。山がカチカチとかボウボウとかいうことは、ありそうにもないことだからである。これも他の地方の例と比べてみると、こうなってきた道筋がややわかる。たとえば『加無波良夜譚《かんばらむじな》』[29]に出ている越後の例を見ると、兎は義侠家であるとともにまた横着者でもあった。貉を誘って萱《かや》に入って共同で萱を苅り、腹が痛むといつわってその萱を全部貉に負わせ、今度はまた足が病めるといって自分までが貉の背に乗っかる。そうしてカチカチと火打ち石を打って、「あすは天気かカチカチ虫が鳴く」といいながら、その萱に火をかけるのであって、なるほどその手段はかなり陰険で、また日本風でないともいえる。それから兎は知らぬ顔をして、今度は蓼山《たで》に入って味噌をすっている。次には笹山に行き、杉山に行き、そのたびに辂に詰問せられて、前の所行は自分でないと言い抜けるのだが、その話の運びなどは、やはり『聴耳草紙』にある話のほうがおもしろくできている。「兎々、そちゃ昨日はおれをひどい目に遭わせたな」と狸がいうと、それは萱山の兎であろう。おれは樺皮山の兎だからそんなことは知らないと答えて、また新しい方法で狸をいじめることになっている。樺皮山の次には笹の葉山、それから最後に楢の木山に入って、舟をこしらえて狸をおびき出すのだが、そのつぎつぎの場合のかわり目ごとに、似たような問答を積み重ねて、聞き手を笑わせる技法は凡でない。東京のカチカチ山など、興味は同じ兎が同じ狸を何度でもだますところにあるのだが、今ある形のようではよく化けの皮があらわれないものだと、子供でも思わずにはおられなかったろう。

一〇

ことに聴衆がもう少しもっともらしい人たちであった場合に、こんな幼い説明では通用したはずがない。だから私などはいくぶんか智巧の加わった、それだけ引き離しても一通り理のつんだような話を、かえって一つ以前の形だろうと想像しているのである。この兎の悪智恵の趣向を、狸の膺懲《ようちょう》に結び付けた例は、他にもまだあるだろうが私は右の二つしか知っていない。岩手山麓の雫石《しずくいし》という村の話は、同じ説話集に載っているが、これは兎が熊をいじめた例であって、したがって爺婆の狸汁とは何の関係もない。それをやや詳細に紹介してみると、熊は鈍八だからうんと稼《かせ》いで切った薪を負い、おまけに兎まで背に載せてやって帰ってくる。途中で背の兎がカチリカチリと火打ち石で火を切る。「兎どのあの音は何でござる」と熊が聞くと、「あれはカチリ山のカチ鳥の声さ」と答える。それから大火傷《やけど》をしてうんうんとうなりながら、熊が一つの山を越して来ると、兎はちゃんと先廻りをして、路傍で藤蔓を切っている。さっきはよくもだまして火傷をさせたなというのに対して、「前山の兎は前山の兎、藤山の兎は藤山の兎、おれが何知るべさ」と答えるので、それももっともだと熊は思って、兎にすすめられて藤蔓で手足を巻いて山の側をころげて見たが、おもしろいどころか死ぬほどの苦しみであった。ようようのことで起き出してみると、兎はとっくに逃げて蓼味噌《たで》をこしらえている。藤山の兎は藤山の兎、蓼山の兎は蓼山の兎だ。おれはそんなことは少しも知らぬ。うち身で痛むならこの味噌を塗ってはどうかと、またその傷に蓼をこすりつけてうんと熊を苦しめる。そうして最後には杉山の兎になって、熊は黒いから土の舟、兎は白いから杉の木の舟に乗って出ようと、誘い出して殺してしまうのである。これが婆にばけて婆汁を食わせた罰でもなく、単に賢いと愚かとの差なのだから惨酷である。そうしてこの話には、さらに死んだ熊を爺さんの家に持って来て、熊汁をこしらえて一人で食い、頭の骨を爺さんにかじらせて歯抜けにした話が付いている。憎い兎だとっつかまえて子供に番をさせておくと、またその子をだましてうまく逃げおおせたことになっている。こうなると馬琴などの喋々した白兎の信用はまるでゼロである。

二

この昔話のある土地限りの新作でない証拠には、近ごろ世に出た加賀の『江沼《えぬま》[30]郡昔話集』にも、一つの類型が採集せられている。もう破片であるが、やはり兎がだまして熊を焼き殺すのである。それを農家へ持ち込んで、子供をだまして鍋を借らせ、自分だけで熊汁をこしらえて食ってしまうところまでが岩手県の例と同じ話であり、これも爺に追われて尻をたたいて逃げていくといっている。まるで狸と兎との二役を兼ねているのである。かちかち山の話はここにも別にあるのだが、それも狸を誘うて薪を苅りにいくときに、自分は少しも働かずに、狸にばかり荷を負わせて帰ってきたということになっていて、まだ持前の横着さを留めている。すなわち爺に代わっての兎の仇討ということが、後の取り合わせであった証拠である。

それからいま一つ、同じ石川県南部には、兎と蟇《がま》との話がある。二人が餅を搗いて臼のまま山からころがして、一方は空の臼を追うて遠く走り、足の遅い蟇は途中の木に引っかかっている餅にありついたという話は、土地によっては猿と蟹、猿と蟇との競争にもなっているが、北陸ではここでも越後でも猿の代わりに兎が出てくる。そうして加賀の兎は餅をしてやられた口惜しまぎれに、蟇をだまして焼討ちをするのだが、これにも兎が火を打つ音を聞いて、「兎どん兎どんチンチンいうのは何じゃいの」、「ありゃ山のチンチン鳥や」、次にはまた小屋が焼ける音を、「ありゃ山のボウボウ鳥や」といったような問答が行われている。つまりは一種の誤解の滑稽が、昔話を愛する者の興味の中心であって、兎はただその一幕の役者として、早くから記憶せられていたというにすぎぬかと思われる。

かちかち山という珍しい言葉の起こりも、こういう順序を辿るとおおよそはわかってくる。つまり本来はそういう声で鳴く鳥の名としたのを、蓼山、樺皮山などの話のつづきで、無造作にかちかち山としてしまったのである。前に掲げた「牛方山姥」の諸国の民譚には、牛方が先まわりをして敵の山姥の家に逃げ込み、隠れていてうまく仇討をしたことを説くものが多いが、その中にもおりおりこのカチカチ鳥が出て来る。たとえば備前邑久《おおく》郡の山姥が、風呂に入って寝たところを下から焚かれる条にも、

カチカチ鳥が啼き出いた
はや夜も明ける
ドンドン鳥が啼き出いた
はや夜も明ける

と山姥が独語するしんみりとした語りがある（『岡山文化資料』三巻四号）。隣の鳥取県でも山姥が火打ち石の音を聞いて、

キチキチ鳥が啼くそう
夜も深いな

それから竈の火の燃え上る音を、

バウバウ風が吹くそう
大分あたたかくなった

などと、ただの婆さんでもいいそうなことをいっている（『因伯昔話』）。阿波《あわ》の名西《みようざい》郡の「継子の椎拾い」話では、鬼婆の家に宿を求めて、やはり釜の中に寝た鬼婆を焚き殺すのであるが、これも鬼婆は身に迫った危険を知らずに、

カチカチ鳥が啼いたんじゃそうな
ポンポン鳥が啼きよんじゃそうな

などと（『昔話研究』三号）、気楽な独語をするのを子供たちはおかしがって聞いたらしい。妖怪を退治するというような、人間社会の最大事件でも、昔話になって何千万回となく語

っているうちには、おいおいとこちらの望みになびいて、このように容易なまた滑稽なものになってしまうことは、必ずしも「牛方山姥」の一篇のみでない。ましてや獣類相互の間の闘争や外交などは、どうなったところで人間の責任ではない。ゆえにルナールやライネッケの文学は、どこの国でも奔放に発達するのである。ただし民族の異なるにつれて、高みの見物にもいろいろの違ったひいきができてくる。それを国民気質の反映のごとく見ることはどうかと思うが、われわれは熊の鈍重をあわれみ、狸の無知を歯がゆく思うのあまり、兎の敏捷に対してはそう多分の好意は寄せていなかったのである。それが今ある形のかちかち山の成立によって、急に兎はいい男になったとすれば、それは偶然でありまた誤解によるものといわなければならぬ。ひとり一篇のかちかち山のみといわず、あらゆる文物は皆変遷している。その変遷のたった一つの段階によって、全部を価値づけるような態度をとろうとすれば、人生は決して昔話の聴衆のごとく、朗らかなまた幸福なものではないであろう。

（昭和十年四月『文鳥』）

藁しべ長者と蜂

一

「藁《わら》しべ長者」は昔話の名であるが、私はこの多勢の若い諸君をとらえて、昔話などを聞かせようとするほどわがままではない。ただ日本の民間説話研究が、最近どの程度まで進んできたかを報告するのに、一つの実例をもって解説することが便利で、また印象が多かろうと思うだけである。ひとり説話の方面だけでなく、他の多くの民間伝承の問題にも、今日はすでに適切にしてかつ興味の多い資料がいろいろと現れている。それを援用しようとせずにいたずらに談理をこととするのは、無益な心力の浪費だと思う。どうかこれからはこういう話のし方の少しずつ流行するようにしたい。

われわれの昔話採集は、グリム兄弟の時より、ちょうどまる一世紀おくれている。しかし単なる採集だけからいえば、ペロール[31]以来のフランスの説話集の方が、ドイツよりまた数十年早いのだが、保存だけでは実は効果が乏しい。集めてどういう目的に供するかの態度いかんによって、採録の価値に大きな等差ができることは、現物がすでに証拠を示している。すなわちわれわれは一通りの理解と、もっと細かに昔話の成り立ちを知ろうという熱意とを、あらかじめもってかからねばならなかった。それを用意しておるうちに採集はおくれる。日本では幸いに、まず間に合ってよかったと言いうるのだが、幾分の遅延の損失を忍ばねばならぬ。地方の昔話はもうかなりこわれ損じ、かつ一方には前代文芸に対するややまちがった考え方がはびこっている。これを訂正するだけ余計の仕事が付け加わっているのである。

国の文芸の二つの流れ、文字ある者の間に限られた筆の文学と、言葉そのままで口から耳へ伝えていた芸術と、この二つのものの連絡交渉、というよりも一が他を育くみ養ってきた経過が、つい近ごろまで心づかれずに過ぎた。昔話のやや綿密なる考察によって、初めて少しずつわれわれにわかってきたのである。これはたしかに遅過ぎる。いわゆる説話文学に限らず、歌でもことわざでももとは一切が口の文芸であり、今でもまだ三分の一はそうだ。現にカタリモノなどは、活字になってもなおカタリモノと呼ばれている。すなわち少しも筆をひねらぬ人々の隠れたる仕事のあと始末だったのである。それが文人を尊敬するのあまりに、ことごとく皆縁の下の舞になってしまった。読者という者の文芸能力を無視して、大衆はアレキサンドル大王の兵士のごとく、どこへつれていって討死させてもよいもののようになった。まことに浅ましいへりくだりだと思う。この心持ちを改めて、文学を総国民の事業とするために、この私の「藁しべ長者と蜂」が、少しばかり入用なのである。

今日の大衆文芸が、いつまでたっても講釈師のおあまりを温めかえしたようなものばかりで、前へもあとへも出て行けないのを見た人には、聞き手または読者に指導せらるる文芸などは、不愉快な拘束だと思われるかもしらぬが、私たちの見たところでは、これとても中代の屈従のなごりであって、以前は今すこし自由に、書かぬ人たちも空想しえた世の中があったのを、紙と文字と模倣性とが、あべこべにこのように型にはめ込んだものと思っている。この点は武家時代に入ってからの、文学のマンネリズムを見た者には、すぐ気づかれるはずだが、一方にはまた口承文芸の若干の比較によって、いと容易にこれを立証しうる望みもある。大体に多分の言説を費やさずして、単なる事実の排列だけから知られるものを知るのがわれわれの理想だが、今日は採集がまだ半途なるがゆえに、おりおりの仮定が必要になって来る。それが当たるか否かをためすのを、私たちはまた一つの楽しみにしている。そうしてなるべく当たりそうなものを選んでお話したいのである。

二

藁しべ長者は藁しべ一本から、しだいに立身して長者になった昔話である。さがしたら世界のどこかの隅にも、きっと同じ型のものがあることと思われる、至って単純な、しかも愉快な空想談である。私は『日本昔話集』[32]の中に、『宇治拾遺物語』を現代訳して、この話を載せておいたが、それと『今昔物語』巻十六の、「参二長谷一男依二観音助一得レ富語」第二十八とは、まず同じ話といってよいほどよく似ている。人によると『宇治拾遺』は『今昔』を読んで書き直したようにいうらしいが、それはまだうっかりとは信じられない。いかにも双方に共通の話は十いくつかあるが、一つの土地でほぼ同じ時代に、説話集を書けば重なるのは当たり前で、当時この話の有名だった証拠にはなっても、乙が甲から採ったということにはなりがたい。むしろ知っていたら避けたかと思うから、これはお互いに見せ合わなかった証拠かもしれぬ。二つの話集でどの点が違っているかを見ていくために、ここでご承知の人も多かろうが筋をざっというと、長谷《はせ》の観世音のお告げによって、藁しべをたった一筋、手に持って下向《げこう》する道すがら、虻《あぶ》がうるさいのでその藁でゆわえて（虻の腰を藁でしばるとは写実でないが）、木の小枝につけてもって行く。それを参詣の貴人の児が、車の中から見てほしがる。

前の簾《すだれ》をうちかつぎてゐたる児の

という絵のような記述がある。『今昔』の方は、

車ノ簾ヲ打チ纏テ居タル児有リ

とあって、むしろやや文章化している。快く進ぜると礼に蜜柑《みかん》を三つ下さる。それを今度

は咽がかわいて死にそうになっている徒詣《かち》りの上﨟《じょうろう》に与えると、大喜びでお礼には白布三反《だん》（ここのところが『宇治拾遺』のほうは少しくどい）、次に名馬の頓死したのを見て布一反と交易してしまうと馬はすぐ生きかえる。京都の入口まで乗って来て、これから旅に出ようとしている家に売るのである。このあとが二書はかなり違っている。一方は馬の代物《だいもつ》に、この付近にある田一町と米少しを与えたとばかりであるのに、『宇治拾遺』のほうでは田を三町、おまけにこの家もあずけておくから住め、帰ってこなかったらずっといてよろしいといって、馬の買主は出立する。そうしてついに帰ってこなかったのだから、自然に男はこの大きな家の主になるのである。『今昔』のほうの話のようだと、ちょっと長者になるのに手間がかかりそうに思われる。この話し方の相違は、果して『宇治拾遺』の筆者の添作といえるであろうか。私には別にそういう話し方もあったものとしか思われない。

次に無住法師の『雑談集』巻五の例を比べてみると、これは非常なる略筆であるが、もうその中にすら、具体的な変化が見られる。たとえば路で名馬を乗り倒した武士を、

大番衆ノ大名ゲナルガ、七大寺詣デシケル。引馬ノ稲荷ノ辺ニテ、俄ニ病テ臥シマロビテ、半死半生ナルヲ云々

とあって、場所は奈良路の光景が特に描き出されておる。それからその馬を求めた人のことを、

太宰大弐ノ筑紫ヘ下リケルガ見テ、此馬ハ売物カト問テ云々

と記して、在任四年の間鳥羽の田代二町を預ける、留守して待てといったので、

四ヶ年待立テテ、留守シ畳サシナド用意シテ、一任スギテ上洛シタリケルニ、イミジキ物ナリトテ後見シテタノシカリケリ。

ということで、人の家来となったのだから、もう長者の話ではない。これなどはことに他の二種の記録を見ていたのならば、必ずこうは書かなかったろうと思う。しかもこの三つの記録は同じ話である。当時長谷寺の御本尊の霊験を語り伝える定まった型があって、これを耳にした者の数は、写本の文学を目に見た人よりもはるかに多く、同時にこれを口にする者の数もまた、写本の数よりはずっと多く、かつ広く分布していたことが想像せられるのである。長谷の霊験はこの一つの説話以外にも、筆録せられたものがいろいろと世に伝わっている。おそくまで文字には現れないで、もとはここから出たかと思う民間の語り草もなお多い。これを運んで遠国の田舎まで流布させた者が、いかなる組織をもち、またどういう種の仕入れ方をしていたか。興味ある課題であるが、今はまだわかっていないのである。今日のところで問題になるのは『安芸国昔話集』[33]（一一〇ページ）に、呉《くれ》市に古くからあったという一話で、これは長谷とはないがやはり観世音のお告

げで、寺を出て最初に手にふれたものを持って行けと教えられ、藁一本が虻になり、蜜柑になり布三反（布子とある）になり、馬になり田地の占有になる順序はまったく同じい。ただ違うのは咽《のど》がかわいて死にそうになった旅の上﨟が、ここではある土地の呉服屋となっている。これが、

一、『宇治拾遺』をかつて読んだ者の記憶に出たか、

ないしは、

二、筆録以前の『長谷寺縁起』が、別に保存せられて今まであったかは、決しかねるというほうが安全だろうが、大体まず前のほうと見て誤りはあるまい。説教の種本にはかなり中古の説話集がよく利用せられ、これがまたこれらの本の今まで伝わってきた一つの力でもあったのである。そうするといったんすでに文書に固定した伝承でも、なお歩詣《かち》りの女性を旅の呉服屋とし、または早朝に旅立する家の前に行きかかって馬を売り付けた話を、一夜の宿を大きな家に求めて、主人から留守を托され馬を所望されたというふうに、語りかえるまでの改作はありえたのである。これはもと単なる忘失かもしれないが、少なくとも原書を傍に置いてそれによったのでなく、説話はいったん記録になってから後も、なお俗間にはこれを成長させ変化させる力を具えていたのである。そうしてわれわれの筆と紙は、昔も今もそのたった一つの段階をしか、跡づけることを許さぬのである。

同じような例は東北に今一つある。『紫波郡昔話』（一六九ページ）に蜻蛉長者《だんぶりちょうじゃ》という名で、これもある観音に祈請して福を得た説話の、順序ほぼ同じきものがある。ただしこれは藁しべ一本ではなくて、お寺の門を出て最初にころんで手につかんだものが、もうちゃんと蜻蛉《とんぼ》を結わえた馬の尾の毛であった。（これは京都の人のように、藁しべで虻の腰がしばれるものとは思えなかったためかと思うとおかしい）。それを多くの供をつれたりっぱな和子《わこ》さまに与えて、蜜柑をたった一つ貰ったまでは同じだが、咽がかわいて弱っている女の条はまったくなくて、そのたった一つの蜜柑をもって、名馬の死にかかったのと交換したことになっている。それからもう一つは小さいことのようだが、観音様のお告げに、「最初手に持ったものは放すな」の外に、「人のためなら何でもせよ」の一条が付加してあるのは意味があると思う。根本が『宇治拾遺』の知識から出たにしても、それから後幾人かの耳と鑑賞とを経て、やはりある土地ある時代の喜ぶ形に、説話は改まらざるを得なかったのである。

三

そこでわれわれに明らかになったことは、文書が文芸の外形をきめてしまおうとする傾向と対立して、別に民間にはこれを変化させ成長させる力があり、それが少なくとも鎌倉時代以後、常に働いていたことこれが一つ、今一つはそれにもかかわらず、語りごとの中心をなしている最初の趣向が、連綿として六百年、文字と縁の薄い者の間にもなお保存せられていたということである。もしも直接に『今昔』『宇治拾遺』などが支持していた結果でないとすると、同じ状勢はこれらの文学以前から、すでに始まっていたというか、あるいはさらに進んで、説話固有の性質によるものということができると思う。それをこれからの各地の採集が、立証しまたは反証するわけである。

今日すでに知られている若干の藁しべ長者話からでも、長谷寺観世音の霊験を語るために、全然利用せられなかった同種の伝承が、いくつかあるだけはおおよそわかった。そうすればこれは成書以前からのものということができるかと思う。これに対しても意地わるく、いや観音信仰の伝道者の手をはなれた後に、こういうふうに話しかえる者があったのかもしれぬと、水かけ論を試みることはできるようだが、幸いなことにはここに一匹の小さな虻がある。これがどうして突如として、藁しべ一本の話に入ってきたろうかを考えてみることによって、幾分でもその『今昔』以前の存在が窺われるのである。

この別系統と思われる「藁しべ長者」話は、長谷寺の霊験記にはまったく触れておらぬような、幸福なる婚姻と結びつけて説かれるものが多い。『壱岐島昔話集』（一七〇ページ）には、虻も蜂も出てこないが、運勢の意外なだんだんのぼりを説く点において、前の話といくつかの一致を示し、また他の一方の話をも代表している。貧乏な家の一人息子が、富裕な隣家の娘を懸想《けそう》する。藁しべ一本を金千両にして来たら聟《むこ》にとると、娘の親がいうのでそれを試みる。これにも「人のためなら何でもせよ」の教訓が下に含まれている。最初に老人が風で植木の倒れるのを防いでいるところへ行ってその藁をくれてしまい、お礼に芭蕉の葉を一枚もらう。それを雨に困っている味噌屋の蔽いにくれて、またお礼に三年味噌を一玉もらう。これをある家にとまって盲婆とともに食うと、ああ塩辛いと飛び上がった拍子に目があくといって、そろそろここへ笑話化の分子が入ってくる。お礼には爺の残した剃刀《かみそり》、それで旅の武士の月代《さかやき》を剃ってやって、礼にまた脇差をもらう。その刀がはからずも名刀であって、殿様から大金を拝領して、めでたく約束の娘の聟になるのである。『五島民俗図誌』[34]（二四四ページ）に出ている上五島の有川の話は、少しばかり新しくなっているが、主人公は孝行息子で、父の草鞋《わらじ》作りの残りの藁三本を売りに出る。葱《ねぎ》を洗う女に所望せられてその藁をやり、礼に葱をもらってある家の祝宴に、葱を求めているところへ行き合わせてまたやってしまう。今度はお礼が三年味噌だが、それを人に与えて錆《さび》刀をもらう点が少し心もとない。とにかくその刀をもって大蛇を斬って、美しい娘を助け、それを見ていた寺の和尚《おしょう》に、その刀を千三百両で買われる。父が大いに喜んだとあるのみで、その美しい娘と婚礼したとまではないが、以前の形はおおよそ想像しえられる。

　喜界島の話（『昔話研究』一巻五号）は、継母に追い出された兄弟の出世話で、藁しべの発端はないのだが、その兄のほうが流浪の旅において、餅つく家で餅をもらい、それをくれたお礼に、味噌つく家から味噌をもらい、またそれを人にやったので、山奥の家から実物の刀をお礼にもらう。それを佩《お》びて池の端に睡っていると、刀がおのれと鞘《さや》を出て鬼を追いはらう。殿様がそれを見ていて、刀を所望するがくれないので、つれて帰って娘の聟にする。味噌から刀への順序だけは、三つの島の話は同じである。

『南島説話』[35]（九三ページ）に、沖縄の話として載せてあるものは、屍が黄金に化した話と複合しているので一部分しか残っていないが、やはり親の遺産は藁一本しかない男が、それを首にかけて旅に出て、それを味噌屋に売ったことになっている。その価の一文銭を首にかけて、ある寺に奉公したとあって後は第二の話になるのである。長谷寺の旧話に「柑子《かうじ》三つを陸奥紙《みちのくがみ》の清げなるに包みて」とある部分が、どういうわけでか四つの島ではともに味噌である。三年味噌はもちろん上古からあるわけでもあるまいが、さりとて最初からこれが非時《ときじく》香菓《かぐのこのみ》であったとも思われない。何かいま一つ前の共同の意外なものがあったのである。

四

ところがこの同じ三年味噌の話が、さらに東北の田舎にかけ離れて分布している。一つは『老媼夜《ろうおうや》譚《たん》』（一三五ページ）に、陸中上閉伊郡の昔話として、昔、ならず者の息子が親から勘当されて、そのしるしに藁しべ一本をもらって出た。途中山路で朴《ほお》の葉を拾いに来た娘が、葉を風に吹き飛ばされて困っているのを見てその藁しべをやると、喜んでお礼に朴の葉をくれた。それを持ってある町を通ると、また女が味噌を求めて包むものがなくて困っているので、朴の葉をやるとその味噌を分けてくれる。それを携えて宿屋にとまり、味噌と粉との出し合いをして団子をこしらえて食ったとあって、そのあとがまったく縁のない「笑い骸骨」の話につづき（これには味噌桶につき込まれた死骸の条はあるが）、もう少しも味噌のことを言わないのは混線であろうと思う。むやみに自分に都合のわるい話をまちがいというのはいけないようだが、これには相応な理由がある。同じ岩手県でも胆沢郡で採集せられた話が『聴耳草紙』（六五ページ）に出ている。そうしてこの一例が最もよく遠方の壱岐の昔話と似ているのである。ある金持の家で聟探しの高札を門に立てる。その難題が三つあって、第二のものが藁しべ一本を千両にしてくることであった。男がその打藁をもって町を歩くと、向こうから朴の葉をくりもせずに、風に吹き飛ばされそうにして持ってくる人がある。それにその一本の藁をやって、これでくるがようがすと教えると、お礼に朴の葉を二枚くれる。それをもらってまた行くと、今度は味噌売りが「三年味噌は、三年味噌は」と売りにくる。味噌の入れ物には蓋も何もしてないので、これを味噌の上にかけておくがようがすと、その朴の葉二枚をやったら、また礼に味噌玉を二つくれた。これを持ってあるいて日が暮れたから、あるりっぱな家に泊めてもらった。ところがその家の旦那様が病気で、三年味噌を食わぬとどうしてもなおらぬというのに、それが手に入らない。それでさっそく進上すると非常な喜びで、命の礼だと千両をくれたというのは、ちっとばかり一足飛びな話である。あるいはこの中間に、名刀名馬のごとき一段があったのが落ちたのかも知らぬが、とにかく結末から見て西端壱岐の昔話と別の話でないことだけはよくわかる。もしも長谷寺の霊験記を改作し、もしくはまちがえたとすれば、数百里の山川を隔ててその歩調を一にしたということが、とうてい説明しがたくなるのである。したごうて断定はまだできぬにしても、これがまた一つの独立した伝承であったと推測することまでは許される。そうして両者どちらが前からあったか、また古くわれわれの中にあった話に、より多く近いのはどちらかという問題も生まれてくるのである。

それを解決する一つの手がかりとして、ちょうどここへ長谷寺の虻を引き合いに出してくるのが都合がよいと私は思っている。『今昔物語』以下の、二、三の文献では、虻が最も似つかわしくまた説話のあやをなし、朗らかな春の朝の光景を描いているが、これは長谷観音霊験談の独得の手法で、虻は日本の民間説話の中には、絶対にといってよいほど現れてこないのである。そうして蜂ならばわれわれの難題聟入話に、必ず常にというくらいにつきまとっている。現にここに挙げた陸中胆沢郡の話などもそうである。この聟入話には四つの難題がついている。第一の条件は森の中の化物《ばけもの》退治で、全然私の話とは関係がないが、第二は右申す藁しべ一本を千両にしてくることで、それに成功すると、今度は後の唐竹林に唐竹が何本あるか、日暮までに数えてこいといわれる。あんまり多いのでぼんやりつっ立っていると、そこへすがりすなわち蜂が飛んで来て、

三万三千三百三十本ブンブンブン

と唸《うな》ったので、それをその通り報告する。村中の人を頼んで数えさせてみたら、はたしてその通りであったのでこれも大成功。次には三人ある娘を同じ衣裳を着せて並べて、どれがお前にやる娘かあててみよと、また無理なことをいう。すなわち源三位《げんざんみ》[36]頼政《よりまさ》もしくは源《げん》太《た》景季《かげすえ》の逸話と伝えらるる「いずれあやめ」と同じ話である。マックロックやジェデオン・ユエの『民間説話論』中にもしきりに説いているように、嫁まぎらかしの風習のなごりか否かは別として、諸国の昔話に例の多い一つの趣向で、それをある昆虫に教えてもらうという例が、ヨーロッパにもいくつもあるそうだが、この陸中の話においても、男が困って廁《かわや》に立つと、蜂が出て、

中そだブンブン、中そだブンブン

と教えてくれる。それを言いあてたのでさすがの長者も我を折り、とうとうこの男が長者の聟になるのである。

五

話があまり長くなるから、このあとは手短かに類例だけを挙げる。蜂に教えてもらって

長者の娘を得る話はほかにもある。同じ『聴耳草紙』（六二ページ）にも、秋田県角館《かくのだて》のが一つ出ている。これは三人の下男の一人が聟になった話で、主人が屋根の上から、一間四方もある大石をころがし落とし、これを受け留めたものに一人娘をやるという。自信がないので太郎は野原へ出て草を苅っていると、どこかで歌をうたう声がする。それは一ぴきの蜂であって、

石ではなくて渋紙《しぶかみ》だァ
渋紙だァ、ブンブンブン

というので、なんなく大手をひろげて、その大石をかかえ込んで聟になった。その蜂というのが前に子供にいじめられていたのを救ってやった恩返しであった。

飛騨の丹生川の昔話は『ひだびと』（四巻三号）に採録せられているが、これも山の木の数を算えたものを聟にする約束で、山に入って閉口していると、かつて命を助けてやった蜂が、

千三ブーン、千三ブーン

と唸って内通してくれたとある。
信州でも『小県《ちいさがた》郡民譚集』（一九三ページ）に、やはり他の話と複合しているが、聟に

なるのに三つの難題を解くべきを、三つとも蜂に教えてもらう。それ一つは山に入って大木のはりの木を伐ってこいといわれたところが、蜂の歌に、

向こう山のはりの木は
かーみで張ったはりの木だ
ハーズルズルン

と鳴いて歌った。次には裏の山の木を数えよといわれると、

うーらのやーまの木の数は
三万三千三百三十三本ブーン

と、木の数までが奥州と同じであり、最後に同じ髪同じ嫁支度の三人の娘を、どれがそうかと迷っていると、また蜂が小声で、

お酌にさせ、ブーン

と告げたので、銚子を持つ娘が嫁だということをいい当てた。

だから長者の聟になる難事業を、蜂の援助によってなしとげた昔話は、日本にもと流布していたことがわかる。そうして現在は東北にたった一つ、しかもただ一続きにつながっ

ているというだけで、藁しべ一本をもとでに妻覓《ま》ぎの条件を充したという話と、蜂の援助によって成功した話とが、前には結合した例もあったことが察せられるのである。かの長谷寺の虻も三書に共通で、明らかに筆者の潤色ではなく、語部《かたりべ》の口に伝わっていたものだが、かりに意識して蜂の援助を継承したのでないまでも、少なくともその構想を暗々裡に支配していたものが、ある小さな羽虫の隠れたる力であったということはほぼ明らかである。かりにこの推測が当たっていたとすると、二つの今まで心づかれなかった大切な点がわかってくる。第一にはわれわれの伝承には、表と裏と、外形と内部感覚と、二通りの路筋があったらしいということである。第二には大きな動物の援助譚よりも、虫や小鳥のようなもののそれのほうが、一つ古い形であったらしいことである。命を助けた恩返しというようなことが、蜂についても稀には説かれているが、それはいかにもありえざることに聞える。いわゆるアニマル・スクラァブル、すなわち何らの義理もないのに、なおある特定の人を助勢する動物があったという話は、かつて精霊のかかる小さな生物の形で去来することもあるように考えていた、上代信仰の痕跡であったという説が、無理なくこういう場合にはあてはまるように私は思う。盆の魂祭り月にことに注意せらるるシャウリャウバッタ、シャウリャウヤンマ・ホトケノウマなどには、日本では俗信そのものもまだ幽かには伝わっている。昔話の方でも小鳥の前生《ぜんしょう》が人であったことを、中心にしている昔話の多いことなどは、その傍例と見るべきものであった。

蜂はこの点にかけては、特に意味の深い役割を、日本の民間文芸の上に持っていた。昔話にあらわれてくるだけでも、前に掲げた難題聟以外になお二つ、一つは夢を買う話で、二人の貧しき旅人が路の辺にいこい、一人が寝ていて黄金を発見する夢を見る間、その鼻の穴から蜂が飛んで出て、やがて帰ってくるのを他の一人が見ていた。つまり魂がこの虫の姿をして飛びあるくというのである。これは豊後にも甲州にも越後にもあるが、『加無波良夜譚』（一ページ）に録した、佐渡《さど》の白椿の話だけは、その出てゆくものを「虻が一匹」と伝えている。それから今一つの蜂は、例の「打たぬ太鼓に鳴る太鼓、うそふき口の袖かぶり」の話にも用いられている。今では和尚と小僧の困らせ合い、または下男の頓智とか、なまけ者の金儲けとかの、笑い話の列までおちぶれているが、九州と奥羽の両方の端には、やはりいま一つ古い形が数多くのこっている。普通われわれはこれを「天人女房」と呼んでいるが、その天から嫁に来た美しい女房を取り上げようとして、殿様がいろいろの無理な命令を出す、それを一つ一つ女房の才覚でなしとげるのだが、灰縄千束とか、馬の親子を見わけるとか、材木の本末とか、蟻通しとかいう親隠しの話と共通のものの外に、必ずついているのは「雷神《なるかみ》の子をつれてこい」と、今一つはこの「打たぬに鳴る鼓《つづみ》」である。現在のはいずれもそれができぬならば、女房をさし出すべしという真野長者式になっているが、すでに『今昔物語』（巻三十一）の竹取翁の話にも、あまたの懸想人《けそうびと》に対する姫の望みごととして、この二つの条件が掲げられているのをみると、本来はこれもまた難題聟の系統に入るべきもので、もうあのころから得がたき長者の娘を得る事業に、蜂が介助した昔話が生まれていたらしいのである。

現在まだ少しも調査せられていない遠くの小島、または山あいの村々の昔話が、もし予定のごとくおいおいに集まってきたら、この私の仮定の正しいかどうかはやがて明白になると思うが、それも遠いことではない（あまりひまがかかると実はもう間に合わない）。他の一方四隣の民族の間にも、かなり比較に値する材料がまだあるらしい。それと今日はまったく触れなかったが、欧州旧国の類例が細かく参考せられていくならば、どうして蜂ばかりが特にこのように、人間の幸運に力添えをなしうるものと、想像せられるようになったかも、説明しうる時がくるであろう。いたって小さく美しい神が、蜂に乗って空を飛ぶという妖魔の空想など、研究の手がかりはまだいくらもあるらしいのである。それまでは自分には手がまわらぬゆえに断念している。ただ少なくとも現在の横断面において、国内の各地に頭を出している昔話には、一つ一つの年齢と変化の段階があって、若い者も知っているから新しい話とはいえぬごとく、書物に出ているからそのほうがさらに古いと速断することはできぬこと、およびその出現と進化の順序を知る鍵は、意外な小さなものの中にあって、行く行くこの茫漠たる過去の雲霧を押し開いて、一つの民族の智能と文芸感覚の展開してきたあとを一目に見ることも、さまでの空想ではないということ、この二つを力説しておくだけは自分の任務だと心得ている。

（昭和十一年六月、国学院大学講演）

うつぼ舟の王女――ペルヴォントとヴステラ――

一

昔々、ペルヴォントという貧乏でなまけ者で、みっともない顔をした青年があった。母に言い付けられて薪を刈りにいく路で、野原に三人の子供が石を枕にして、暑い日に照らされて睡っているのをみた。かわいそうに思って木の枝を切って来て、きれいな小屋根を掛けて日蔭を作ってやったら、子供たちはやがて目をさましてたいそうその親切を喜び、「お前の願い事は何でもかなうように」と言ってくれた。三人は魔女の子であった。それから森に入って、木を切っているとくたびれてしまったので、ああああこの薪の束が馬になって、私を乗せて行ってくれるといいがなと、いう口の下から薪の束があるき出した。そうしてペルヴォントを乗せてとことこと、町のほうへ帰って来た。

王様の娘のヴステラが、お城の高い窓から顔を出して、薪に乗ってくるこの若者を見て笑った。まだ生まれて一度も笑ったことのないヴステラが高笑いをした。するとペルヴォントは腹を立てて、「お姫様孕《はら》め、わしの子を生め」といったところが、これもたちまちその通りになった。父王は驚いてどうしようかと思っているうちに、月満ちて黄金の林檎《りんご》のような美しい二人の男の子が生まれた。

そこで家来たちと相談して、その子が七つになった年に、国中の男を集めて父親を見つけさせようとした。第一日には大名小名を集めて宴会を開いたが何のこともない。二日目には町の重だち金持ちを招いてみたが、二人の子供は知らぬ顔をしている。終わりの三日目には残りの貧乏人たちが呼ばれて、その中にみにくい姿をしたペルヴォントもまじっていた。そうすると二人の子はすぐに近よって、しっかりとその手を取って離さなかったので、彼の子であることが現れてしまった。王様はいきまいて母の姫と子と彼と四人を、うつぼ舟に押し入れて海へ流してしまえと言い付けた。

腰元たちがそれを悲しんで、乾葡萄《ほしぶどう》といちじくとをたくさんうつぼ舟へ入れてくれた。そうして風に吹かれて海の上へ出て行った。姫のヴステラは涙を流して、お前は何ゆえにこんなひどい目に私を遭わせたかと問うと、葡萄といちじくとを下さるなら話しましょうと言った。それをもらって食べてしまってから、ぼつぼつと薪の馬の日の話をした。お姫様はため息をついて、それにしてもこのようなうつぼ舟の中で、四人が命を捨ててしまってどうなろう。もしも願い事が何でもかなうならば、早くこれが大きな屋形船に変わって、もと来た海辺のほうへ帰るように願いなさいと言った。そうするとペルヴォントは、もっとそのいちじくと葡萄を下さるならばと答えた。

若者の願い事はすぐにかなった。いよいよ船は陸に着いたから、ここに広大な御殿が建って、家来も諸道具も何でも揃うように、願って下さいと姫が勧めると、それも即座にその通りになった。せっかく御殿ができても、あなたがその顔ではしょうがない。早くりりしい美青年に変わるように、願って下さいと頼んでその願い事もかない、喜んで四人仲よくその御殿に住んでいた。

そこへ父の王様が狩に出て、路に迷うて偶然に訪ねてくる。二人の子はこれを見て、お祖父様、お祖父様と大きな声で言ったので、たちまち今までの一部始終が明らかになった。それから善尽し美尽したお取り持ちを受けて、王様は大いに喜び、聟の一家を王城に呼び迎えて、めでたくその国を相続させることになったという話。

二

バシレの『五日物語《ペンタメロネ》』の一の巻に、初めてこの昔話が採録せられてから、もうかれこれ三百年になっている。こんな軽妙なまた色彩に富んだ物語が、一つの昔話のもとの形であったはずはないのだが、西洋の説話研究者の中には、この本があまり古いために、まるのままでその起原を説かなければならぬように、思って困っている人もあるらしい。実際また後に発見せられた国々の昔話は、どれもこれも形がこれとよく似ていて、ただ比較の数を重ねていくうちに、最初力を入れて語っていた点が、案外な部分にあったということに気づくだけである。つまり十七世紀よりもずっと以前、またおそらくはヨーロッパ以外の地に、すでに話術というものの発達はあったので、それがまたすこぶる今日のものと、異なる法則に指導せられていたらしいのである。

グリムの第五十四話Aの「愚か者ハンス」では、いかにしてとんまの青年が、願い事の何でもかなう力を持つにいたったかを述べてない。その代わりに父の王様が訪ねて来た時に、姫が知らぬ顔をしてもう一度男に「願い事」をさせる。宝物の玉の杯がいつの間にか老いたる王のかくしに入っていて、王様は盗賊のぬれ衣《ぎぬ》を干しかねて当惑する一条が付いている。それ御覧なさい。だからむやみに人に悪名を着せてはいけませんと言って、初めて親子の名のりをすることになっている。ジェデオン・ユエの『民間説話論』の中には、たぶん最初はこんな形であったろうという想像の一話を復原して載せているが、これも結末にはこの小さな仕返しを説いており、発端は若者が漁に出て物言う魚の命を許し、お礼に願い通りの力をもらったことにしている。それから不思議の父なし子に、父を見つけさせる方法としては、何か小さな物をその子の手に持たせて、それを無心に手渡しする相手が、まことの父だというように話す例が最も多いそうで、これがおそらく上代の慣習であったろうとユエは言っている。グリムの説話集でも、子供がシトロンの実を手に持って城の門に立ち、入ってくる国中のあらゆる若者の中で、最もみにくい顔をした貧乏なハンスに、それを渡したことになっているのである。

ユエなどの考えている昔話の「最初の形」なるものが、はたしてどの程度の最初であるかを私は知らぬが、日本に生まれて自国の口碑に興味をもつ者ならば、この昔話の複合であり、またある技芸の産物であることを認めるに苦しまないであろう。少なくともかつてこのような形をもって、人に信ぜられたことがあったかのごとく、説こうとするような無理な学問を、日本人だけは受け売りする必要がないのである。

三

大体この一篇の古い昔話には、八つほどの奇抜な話の種が含まれている。その一つは微力なみすぼらしい貧しい青年でも、ある霊の力の助けがあるならば出世をすること、もしくは英雄が始めはそんな姿で隠れていたことである。これは桃太郎でも安倍晴明《あべのせいめい》でも、日本にも異国にも広く行き渡った昔話の型であって、第二の非凡なる「如意の力」とともに、むしろあまりに普通であることを、不思議といわなければならぬくらいである。

第三には処女の受胎、それがただ一言のうけびによって、たちまち効果を現じた例だけは日本にはないが、その代わりには東方の諸国には丹塗《にぬ》りの矢、もしくは金色の矢という珍しい形があって、神と人間との神秘なる婚姻を語っている。第四にはうつぼ舟に入れて海に流すということ、これはわが国にもいろいろの伝えがある。大隅の正八幡では七歳の王女、父知らぬ子とともにこの中に入れられて、唐から流れ着いたのを神に祀ったという記録もあり、それはまた朝鮮の古代王国の創始者の奇瑞《きずい》でもあった。

第五には小童の英明霊智であるが、ここではこれに伴のうて第六の父発見の方法が問題になる。宮古島の神代史を飾っている恋角恋玉の物語においては、この二人の女の子のみは、人の恐るる大蛇を自分の父と知って、背に攀《よ》じ頸をなでて喜び戯れたと言っている。『播磨《はりま》風土記』の道主姫《みちぬしひめ》の父なくして生める子は、盟《うけ》び酒の杯を手に持って、これを天目《あめのま》一箇命《ひとつのみこと》に奉ったゆえに、すなわちその神の御子であることがわかったと伝えられる。『山《やま》城《しろ》風土記』の逸文に出ている賀茂《かも》の別雷大神《わけいかずちのおおかみ》の御事蹟は、おそらく神話として久しく信ぜられたものと思うが、前の例よりもいま一段と具体的である。外祖父の建角身命《たけつのみのみこと》は八《や》腹《はら》の酒を醸《かも》して神々を集め、七日七夜のうたげを催した。それから汝の父と思わん人にこの酒を飲ましめよと言って、杯をその童子の手に持たせると、童子は天に向かって祭をなし、ただちに屋の瓦を分け穿ちて天に昇りたまうとあるのは、すなわち御父がこの地上の神でなかったことを語るものであった。

第七には世にも稀なる幸運の主が、妻に教えられ勧められるまでは、少しも自分のもつ力の大いなる価値に心づかず、これを利用しようともしなかった点、これは日本では炭焼長者の話として伝わっている。これが八幡神の聖母受胎の信仰と関係あるらしいことは、『海南小記』[37]という書に前に説いてみたことがある。第八の特徴は『ペンタメロネ』にはまだ見えておらぬが、わずかな人間の智慮をもって、かってにこの世のでき事を批評してはならぬという教訓、これがまたわれわれの国においては、実に珍しい形をもって展開していこうとしているのである。今日の笑話の宗教的起原ともいうべきものを、深く考えさせるような屁《へ》の話がこれから出ている。最近に壱岐島から採集せられた一つに、昔ある殿の奥方が屁をひった咎によって、うつぼ舟に入れて海に流される。それがある島に流れ着いて玉のような男の子が生まれる。その童子が大きくなって茄子《なす》の苗を売りにくる。これは屁をひらぬ女の作った茄子だというと、殿様が大いに笑って、屁をひらぬ女などが世の中にあるものかという。それなら何ゆえにあなたは私の母を、うつぼ舟に入れて海にお流しなされたかとやり返して、めでたく父と子の再会《う》をするという話。これが他の地方においてはうつぼ舟を伴わぬ代わりに、屁をせぬ女が栽えると黄金の実が結ぶ木とか、また黄金の瓜とかいうことになっており、また沖縄の九高《くたか》島では、その種瓜が桃太郎の桃のごとく、遠くの海上から流れてきたことにもなっている。人が長老の語ることを皆信じえた時代には、こんな笑いの教訓なども入用はなかったろうが、後に疑う人が少しずつ現れて、話し方はおいおい巧妙に、また複雑になってきたのである。それにまた国限りの孤立した発達があって、比較は何よりも意味の多いことになった。西洋の説話研究者たちが、素材のなお豊かなる日本の口碑蒐集に、深い注意を払っているのは道理あることである。

（昭和六年七月『朝日グラフ』）

蛤女房・魚女房

一

今まで地方に保存せられていた蛤女房《はまぐりにょうぼう》の昔話は、まだ採録の数も少なく、形も省略せられ、また極端に笑話化しているために、御伽の「蛤の草紙」と比べて開きがあまりに大きく、この二つを同じものだということには、即座に同意しかねる人が多いかもしれぬ。われわれとしてもそれは仮定であり、半ばは予言のようなものでもあるが、おいおいに集まってくる各地の事実は、大体にこれを立証するほうに向かっている。昔話の零落は今やほとんど全般的な状勢であって、しかもそのきざしは相当に古く、中には前にあったまじめな型を、見つけ出すことの困難なものもある。こういう場合には、たった一篇の、かなり自由に改定した文芸記録でも、中世のなごりとあれば大切な目標にはなる。御伽文学の研究者と称する人々に、役に立つかどうかは考えずともよろしい。われわれは少なくともこの種の残留資料を粗末にせず、これによって第一段には新旧の系統を明らかにし、第二段には過去の作品を指導していたその期の民間伝承が、どの程度に今と異なっていたかを見究める稽古をしなければならぬ。そういう趣旨の下に、この不完全なる一つの習作を公表する。

二

蛤女房、すなわち蛤が美女に化して嫁入してきたという説話は、以外にも海から遠い信州上伊那郡のものが一つ報告せられている（『民族学』一巻四号）。むかしあるところに若い男があった。そこへどこからとも知れず、美しい嫁様が来た。男が外へ出て働いている留守に、いろいろの御馳走をこしらえてくれる。毎日の味噌汁が不思議にうまくなった。あまり不思議に思って、出て行くふりをしてそっと裏の方へ廻ってのぞいて見ると、嫁は擂鉢《すりばち》で味噌を擂ってから、これに跨って中へちゅうちゅうと小便をした。男はこれを見て大いに憤り、すぐに中に入って女房を追い出した。嫁はあやまったが許してくれないので、大きな蛤になってもくりもくりと匍《は》っていったというのは、まるで蝸牛《かたつむり》か何かのような話である。

これは山国らしい一つの空想で、貝の露が汁の味をよくするというところから思い付いた、ふざけた頓作のようにも見えるであろうが、少なくともこの土地限りの発生ではなかったのである。[38]関君の集めた島原半島の民話中にも、同じ形のものがある以上は、もうかなりの期間また地域に、流布していたことだけは疑われない。ただしこちらもやはり省略形で、違うところはその家がすでに長者の大家内であったことと、どこへ帰っていくかと跡をつけさせたら、浜に近づいて大きな蛤になり、海の中に入っていったとあるのみで、いかなる因縁に基づいて長者の妻になったかを説かず、この点はすこぶる「蛤の草紙」の主人公の、母に孝なるがゆえに観世音菩薩《かんぜおんぼさつ》に賞せられ、童男童女神が大蛤に姿をかえて、来り嫁いだとあるのとは異なっている。

三

話がいったいいつのころから、こんなきたない小便の秘密などになったかということは、むろん明確にすることがむつかしかろうが、ともかくもその変化の経路だけは察しえられる。同じ奇抜な内助の功の趣向は、また魚女房の昔話をも彩《いろ》どっているからである。たとえば越後の長岡市もしくは新潟市に行われていたものは、その女房の本性は鯛《たい》であった。かつて命を助けてもらった男のところへ、嫁になってきて、やはりこの手段で汁をおいしくしていたのを見顕わされた。恩返しに嫁にきたのだということを語って、泣く泣く帰っていったことになっている（『民俗学』一巻六号）。『昔話研究』（一巻六号）に報告せられた秋田県仙北郡の昔話にも、魚女房の話が二つあり、その一つの鮒《ふな》のほうは、子供の釣って帰るのを買い取って放してやった爺の家へ、若い女になってその鮒が来て働いてくれる。妻になったとはないが、これも毎日のお汁が途法もなくうまく、やはりのぞいてみると汁鍋へ小便を垂れていた。気持が悪いのでその椀に箸をつけずにいると、女は気がついて、私のだしを入れるところを見たでしょうといって、大きな鮒になって裏の溜池へだぼんと飛び込んだ。小便と見えたのは、実は腹の白子をしぼり出したのだったなどと説明せられている。

それからいま一つのほうは女房が鯉《こい》の化けた女だという話で、これも節穴からそっとのぞき見をしたら鍋へからだを入れてごしごしと洗っていたというのだが、この話も他にまた類例がある。たとえば隣の岩手県雫石《しずくいし》にあるものなども、やはりその女房が来てから不思議に味噌汁がうまくなった。そっとマゲ（梁の上）に隠れて見ていると、尻を擂鉢《すりばち》の中に浸《つ》けて洗っていた。素性をさとられたと知って帰っていく別れに、水のほとりにおいて宝の小箱をくれた。主人公は貧しい漁夫で、かつて助けてもらった魚の恩返しであったという（『聴耳草紙』三六一ページ）。加賀に伝わっていた昔話もそれと似ているが、こういう魚を捕って活計を営む者がある魚を助けたという点に、本来は意味があったらしい。右の二つの話でも、前者は無欲で入用の他は皆逃がしたといい、後者は川鱒《ます》の柳の枝に腮《えら》を引っ掛けて、苦しんでいるのを放してやったといっているが、たぶんはグリムなどのいくつかの貧人致富譚にあるごとく、それが特に魚の中の、霊ある者であったと説いていたのであろう。いま一つ気のつくことは、加賀ではその魚を助けた時に、漁夫にはまだもとの妻があった。それが病気で死んで弱っているところへ魚女房がやってくるので、この点はまた少しばかり狐女房の安倍保名《あべのやすな》とも似ている。島原半島の蛤女房なども後添《のちぞ》いであった。前の嫁は鯛を食わせたのに、二度目の嫁は少しも魚を用いず、鍋へ小便をしこんで汁をうまくしていたことが、露顕して追い出されたことになっている。これなども何か意味のある以前の話し方のなごりかと思われる。いずれにせよ最近の形では、話の中心が皆この汚らしい食物の調理法になっていて、何が奇縁やら恩返しやらわからぬ程度にまで変化しており、加賀の話などは、亭主ののぞき見によって正体が露われ、「うら人間でないさけ行くわ」と、すごすごと帰ってしまったというのが結末である（『江沼郡昔話集』一二一ページ）。これでは幸運の婚姻話というよりも、むしろ妖怪退治譚に近いのであるが、実はこの傾向は必ずしも一地方に限られていない。現に前述の羽後仙北郡の例でも、発端はまったく世の常の「喰わず女房」の型であった。ある独身の男が、飯をくわぬ女房ならほしいと口癖のようにいっていると、そこへ鯉が女に化けて嫁に来て、そのこしらえるお汁がめっぽうにうまいので云々ということになっている。単なる混線とも解せられぬことはないが、もともとこの昔話は、頭の頂上に大きな口があったなどともいって、魚か蛇かは知らず、とにかくに水の霊の人間に嫁いだ話に属する。今のように怪談化してしまわぬ以前の形が、あってもう失われたものとも想像しえられるのである。

四

それは今ただちに断定しえられぬとしても、少なくとも現存の蛤女房譚が、「魚女房」と同系であることだけは明らかだと思う。そこで立ち戻ってこの二種の話と、御伽の「蛤の草紙」との関係を考えてみると、三つか四つの肝要なる観察点が、われわれの比較に上ってくる。その一つは蛤が美女の姿に化けて、押しかけ嫁にやってくる因縁を、草子のほうでは孝行の徳に帰し、口の伝承ではまるまるこれを説かず、もしくは魚については助命の恩を報いるためとなっていることである。これはいずれが本でありいずれが改造であるかを決しがたいが、二つともに人が不思議の根原をいぶかるようになって後に、新たに設け作られた趣向であって、以前は動物は時あって助けにくるもの、人には解しがたい隠れた理由から、魚や蛤でも人間と婚姻して、夫の家を富貴にすることができるものと、信じえられたゆえに不要であったかと思う。そういう痕跡は幽かながらまだ残っている。多くの報恩譚には、釣り合いの取れぬもの、たとえば時々の飯粒を施された小蟹《こがに》が、大蛇と闘って幾千ともなく命を棄てたり、わずかな好意に対して希代の宝物をくれたりする話もあれば、中にはまた瓜子姫の鶏や鴉、藁しべ長者の蜂のように、何らの恩なくしてなお大いなる援助をした例もある。魚・鳥・狐などの場合ならばまだ何とでも説明は付こうが、これが蛤になると報恩とはちょっと結び合わせにくい。おそらくは最初から、嫁になってくる理由は説かなかったものであろう。一方親に孝なる子が、天の恵みを受けて末栄えるという話は、東洋諸国の文学の最も人望ある題目の一つではあるが、その割には口から耳への伝承には出てこない。たまたまあるものも後代の文字の教養ある人によって、補塡せられたかと思われる節が目につくのである。異類婚姻の説話についてみても、たとえば飛驒の岸奥村で、嫁が淵の伝説となっているものは、主人公が孝子であったゆえに竜女が嫁に来たというのと、別に何らの縁由を説かぬものと、二通りの話が書き留められている。信州南安曇《あずみ》郡で矢村の弥助、越中長沢村の六治古という男などは、いずれも孝行者であった話にはなっているが、なお一方は罠《わな》にかかった山鳥を助けたために、好き妻を得たという恩返し話として伝わり、後者はまた市で求めて来た塩鮭を洗っていたら、生きかえって逃げていって、後に女房になったという笑い話のほうへ展開していて、ともに孝行は余分の付け加えになっている。察するにもとからある解説の無理もしくは不十分を感じた者の、後からその隙間を充たそうとした試みが、成功しなかった例であろう。「蛤の草紙」の発端をなす語り方は、よその国にも似た例があって、もとより筆者の創意ではあるまいが、これをただちに一段と古い形のように、見てしまうことは少しく心もとない。ただこの説話の主人公に、母があったという例のいたって多いのには、何か隠れたる意味があるらしく考えられ、それから孝行の徳という話に移っていくことが、いかにも自然であったろうと思うばかりである。

五

次にこの御伽草子の提供する興味は、蛤の女房が人間の男にもたらした幸福が、ここでは価三千貫の布を織り出して、市に売らせたことになっている点であろう。現在の民間説話においては、布織りはことごとく「鳥女房」の話の中心をなすだけで、魚や蛤については一つでも聞くところがない。この点は後で言おうとするのぞき見の戒めを破った個条と関連するもので、鳥だと幾分か機《はた》を織る光景が、心の画に描かれやすいために、しだいにその専属のようになって、裸鶴や鶴の毛衣の話は生まれたのであろうけれども、話によっては今でも蜀江《しょっこう》の錦《にしき》などといって、胸の毛をむしって織り込んだというような、乱暴な説き方はしていない。陸中の「天人子」の昔話には、機屋をのぞいて見ると人の姿はなく、梭《ひ》と筬《おさ》とがひとりでに動いていたと説いたのもある。のぞけば必ず正体を見現すものときまって、この挿話を魚や蛤には応用しがたくなったのだろうが、もとはこの点が最も仙女の霊の力を例示するにふさわしかったので、水天両部の婚姻譚に共通に用いられていたらしいことが、「蛤の草紙」によって推測せらるるのである。細かなことだが私たちに気のつくのは、男がその女房の織った布を売りに行くくだりに、「をかしげに申しければ」とか、「人の笑草になることの無念さよ」とかいう文句のあるのは、この記録の筆に上った当時、すでに空想はあまりに誇張せられていて、まじめにこの奇特を聞く者の少なかったことを意味するようである。東北地方の「天人女房」のある一つの型にも、亭主が何と言って売りあるいたらよいかを女房に相談すると、「うちの見たくなしの嬶《かか》が織った、ただそ布売ろう売ろう」と、ふれてあるいたらよいと教えられる。そういって市を廻っていると、やはりこの御伽草子のように見なれぬ上品な人が出てきて、高い値段でその布を買い取ったというのである。これなどは自分はつい近ごろの座頭《ざとう》の、案出した滑稽かと思っていたが、こんな早くからもうこの笑いの種はまかれていた。それが成育して純乎たる笑話になったのは後であるが、話の意外さを強烈ならしめるために、かくのごとく綾どり彩どることが本有の要件であったということが、これからでも察せられるのである。

六

ところがこの種の曲折と誇張の技術は、食物の幸福の上にはやや施しにくい。強いてこの部面で人の笑いを博せんとすれば、勢い下がかった滑稽に傾いてくるのは是非がない。今日知られている民間の「蛤女房」などが、堕落の姿であることは争われないが、さりとてこれによって御伽の布織り話が、一期古くから存在したことを、証拠だてようとするのは過ぎている。これはむしろ人間の想像力の発達、悪くいえば欲の深くなった順序の、食から衣のほうへと進んできたものが、たまたま形を変えて前の分も残っていたと、見るほうが当たっているのでないかと思う。嫁が来てから珍なる食物を、豊かに供えてくれるという例は他にもある。飛驒の嫁が淵では、男が高黍《きび》の間から隙見をすると、女房は大蛇の姿になって魚を捕ろうとしていた。見られたのを知って帰ってしまったから、それで岸奥一部落は今でも黍を栽えることを禁忌としているという。佐々木君の採集した東北の一話には、豆を炒《い》ることを言い付けてのぞいて見ると、蛇の正体を現して梁《はり》の木にぶら下がり、尻尾で炒り鍋をかきまわしていたというのもある。異類の女房が夫の家を楽しくする手段には、これほどにも手軽なものがもとはあったのである。それが聴衆の期待の高まるにつれて、だんだんと高価なかつ自在な宝物を、置いていかねばならぬようになり、むしろ昔話の写実味は減退し、成人日常の慰藉《いしゃ》には適せず、したがって皮肉な誇張の笑いばかりが、幅をする結果をも招いたのかと思う。なめて小児に飢餓を忘れさせたという蛇女房の眼珠などに比ぶれば、すぐれて美しい布を織って、市に売らせて百千の黄金を獲せしめたというのは、まだ幾分か着実なる夢といいうる。しかしそれよりも食物をうまくしたというほうが、さらに一段と素朴な者の心には近かった。このほうが後に考え出された気づかいはないのである。「蛤の草紙」のわれわれに与える暗示は、単にこの類の説話が数百年も前から、日本にも知られていることを推測せしめるに止まらず、今は離れ離れの「竜宮女房」と「天人女房」とが、本来一類のものであることを明らかにして、説話の根原を究めようとする者に、小さからぬ刺激となったことは争えぬ。ただ年代順にこれを古い形、現在口承のものをその転化の姿と、見てしまうにはまだ少し早い。この中には文筆の技巧、ないしは書物から得た経験によって改刪《かいざん》せられ、しかも国のすみずみに住む多数の俗衆の記憶を、左右するにいたらなかった部分も若干はあるはずで、それといま一つ以前から持ち伝えてきたものとを、見分けることがわれわれの仕事なのである。

七

われわれの持ち伝えている異類婚姻の昔話は、現在でもまだなかなか多種多様であって、これを何とか一通り分類した上でないと、その成り立ちを考えてみることも容易でないのだが、今まで自分らが採用していた方針、すなわち第一に男女を別ち、夫婿がただの人間であったという場合のうち、嫁が蛤でありまた魚であり、ないしは大蛇・蛙・狐・鶴・山鳥などであったものを、それぞれ対立させてみようという試みも、その外形の簡明なるに似ず、よほど用意をしていないと速断を招きやすい。ということが「蛤の草紙」によって教えられるのである。このいろいろと異なる鳥獣魚介が人にかたらい、訪い寄り還り去る姿というのは、話になってしまうとそれぞれの異色をもって、聞く人の印象を彩どろうとするが、今ある多くの報恩譚にも見えるように、それはただある日の舞台衣裳のようなものので、かりに姿をこれらの動物に装うていたものも、実は人よりもさらに美しくけだかく、またすぐれたる境涯から出てきたのだということが、やがて判明することになっているのである。ところが後々その仮の姿に、話の興味の焦点をおく風が盛んになって、もしくは小児が未開人と同じように、そういう風にしか物を考えることができなくて、個々の動物に似つかわしい逸話のみを受け入れようとするようになり、したがって蛤の女房が布を織るなどとは、考えにくい時代が来たのかと思う。この点から考えると、この御伽草子が敷衍してくれた昔話の型は、幸いになお一段と古いものだったと、認めうるかもしれぬのである。

ところがわれわれのいうところの竜宮女房説話、すなわち魚蛤や大蛇の形を仮らずに、生のままの美女の姿をもって、根の国から迎えられたという話では、今日南方の島々に数多く分布しているものを始めとし、日本最古の記録に筆載せられているものにいたるまで、一貫してまだ一つも機屋の奇瑞を説いたものがない。ことに喜界島の諸例などでは、殿様がその美しい女を横取りする策として、灰縄《あくなわ》千束などの難題を言いかけるという一条、すなわち奥羽地方では天人女房のほうに付いている挿話まで、共通にもっているにかかわらず、この点になるとはっきりと二つに分かれ、同じくのぞいてはならぬという戒めでも、一方は必ず機屋、他の一方はたいていが産屋ということになっている。天から花嫁が降りて来たという昔話と、海の都から迎えられて来たというそれとは、根源から二つ併存していたとも思われぬ以上、いずれある時期に分化したに相違ないが、それが非常に早いころで、まだ人間が衣服の幸福を念頭におかぬ前のでき事か、はたまたそれを理想の妻に期待するようになってより後かは、これからなお発見せらるべき遠近の類例によって、おもむろに判定せられるのほかはない。いくら中古の記録でも、「蛤の草紙」一つではまだ心もとない。ことに筆者がどの部分まで、当時の伝承に忠実であったかは、はっきりとせぬと言おうよりも、むしろ反対の箇所が指摘しやすいのである。

八

この点がまさしく『今昔』『宇治拾遺』等の説話集と、いわゆる御伽草子との相違する点であろう。同じ御伽の中でも筆録の年代、もしくは筆者の立場目的のいかんによって、原話遵依《じゅんい》の程度に幾段かの差があることは承知しなければならぬが、「蛤の草紙」のごときは、その改刪増補の意図がかなりあらわである。たとえば末のくだりの「後々とても此草子見給うて親孝行に候はば、かくのごとくに富み栄えて、現当二世の願ひたちどころに叶《かな》ふべし云々」と、孝行の勤めと信心とを綯《な》いまぜたる数句の訓誡などは、むろんこの類の作品の常套形ではあるが、そういう中でも模範的といってよいほどに力強い。つまり読書手跡を学ぶほどの年ごろの者に、かねて徳行と仏法帰依《きえ》とを説いて、家庭の要求に応ぜんとしたのである。単に孝行が現世の報いを得たというだけならば、伝来の説話を承け継ぐこともできなかろうが、これにはさらにその印象を濃厚ならしむべく、額《ひたい》で母の足を温めて泣いたというような珍しい記述があり、また天人の口を借りて永々とした物語がある。親に孝なる鳥の話がその中に出てくるのも、私にはおもしろいと思うが、さらに『観音経』の詞句を多く採用し、かつみずから童男童女身などと名乗らせて、いわばこの説話の中心ともいうべき竜宮の乙媛《おとひめ》様、もしくは月界長者のまな娘という箇条を、遠慮会釈《えしやく》もなく差し替えているのを見ると、私にはおおよそこの無名作家の人柄なり境涯なりが、察せられるような気がするのである。

そこで自然に起こってくる二つの問題は、第一には「天竺摩迦多国《てんじくまかだこく》の傍に住む、しじらと申す貧しき人」の、親に孝行であったという物語、すなわちわれわれがまだまったく知っておらぬ別種の説話と「蛤女房」とを手ぎわよく組み合わせたのではないか、もしくはその一方の話の中にも、蛤の姿を借りて化現した仙女から、大きな恵みを受けたという一条がすでにあって、それを文書から文書へ翻訳したのではないかという疑いである。これは宏大なるインドまたは支那の説話の海を渉猟した上でないと、否という断言も容易には下しえられぬわけだが、この構造の手づつでまた冗漫なところから判定して、私などはたぶん継ぎ合わせの手製であって、鹿野苑《ろくやおん》の市とか南方普陀落《ふだらく》世界というのも、単に説話の神怪性を添えんがための借用かと思っている。ただし主人公のシジラという珍しい名前が、もしただ単なるでたらめでなかったとすれば、あるいは国内だけにはすでに先型があったということになるかもしれぬ。この程度の留保をもって、今しばらくこのシジラという人名の動機の、見つかるのを待っているのもよいかと思う。

九

第二に一部の人たちが抱くかもしれない疑問は、そんなにまで新しい工作が加えてあれば新作じゃないか。強いてそれを昔話の一種の採録として、取り扱いたがることが無理なのだと、言おうとする者がありそうである。この点は前にも挙げた母一人子一人の家へ、美女が来り宿して嫁になりたいという形、もしくは布を夫に持たせて市へ出て売らしめる手順などの、今でもわれわれが忘れていない一、二の特徴を引き合わせてみるだけでも、そうでないと言い切れるのだが、もっと動かせない確かな証拠は、ひそかにのぞいて見るなの戒めを破る条にある。これは非常に古いかつ普遍的な、ほとんど異類婚姻譚の要素ともいうべき部分だが、それもおいおいに時代につれて変わりかけている。たとえば魚蛤女房の昔話、これと縁を引くかと思う「喰わず女房」などでは、単に相手の予期しない機会に、のぞき見をしてその秘密を知ったことになっており、狐女房では無心の子役を中に置いて、それが正体を見つけたことにしており、いずれも前もって何らの約束もせぬのであるが、それでもやはり見られたが百年目で、たちまち二世のよしみは切れるのである。すなわち別離の哀愁は始まらずにはいなかったのである。ところが「蛤の草紙」のほうはどうかというと、布を三千貫に売り渡して大喜びで夫が帰ってくると、それはこういうわけなのだと、すべて作者自身がするはずの説明を女房がして、それではさようならと行ってしまうのである。ここにはほとんど何の趣向もない。それにもかかわらず、前段には夫に頼んで黒木もて機屋を造らせた後、「かまへてこの機織り見む程、この方へ人を入れまじき」と語っており、「しじら心得候とて母に此由かたりけり」と記している。何のためにこの一節の文が存するかは、読者はもとより、筆録者みずからも、これを説明することができないのである。その上にいよいよその忌機殿《いみはたどの》に籠ってから、夕暮に若き女一人、いずくよりとも知らず来ってこの機屋に宿を借る。「人を入れまじと仰せ候が、何とて宿を御貸し候や」と母が聞くと、この人は苦しからずと、二人して機を織ったとあるのは、実は相応に苦しい趣向であった。同情ある解釈はおそらく一つしかありえない。すなわち当時いやしくも蛤の女房といえば、必ず人を入れぬ機屋があり、のぞくなかれの戒めを伴のうていたので、全然その点に触れない「蛤の草紙」などは、爺媼はもちろん、小娘といえども承知しなかった。したごうてこれを何としてなりとも残しておきたいという点に、御伽草子の立場もほぼ窺われる。すなわち現在一般の人口に膾炙《かいしゃ》するものを踏まえてでないと、文字と教理の訓育はともに行いがたかったので、これがまたある時代を劃《かく》して、この種の文学の盛んにもてはやされた理由でもあるかと思う。

一〇

それゆえに、御伽草子の少なくとも一部分だけには、以前の民間説話の特に著名なものが、保存せられていると認めて誤りがない。ただそれがどの点からどこまでということが、個々の実際問題として残るわけだが、これとても比較の進むにつれて、決していつまでも明示しがたいものでないと思う。今日はまだ個人の作り話にもだまされ、もしくは紛乱せられている時代であるが、私たちの経験したところでは、古くから伝わった昔話ならば必ず分布がある。昔はあったがすでに消え失せたというものが、全国を通じていうと至って少ないと同様に、一つの土地または家にしか保存せられていなかったという例も、絶無といってよかろうとまで思っている。だから内容様式のともに昔話というに適したもので も、他に遠隔の地に等類の見出されるまでは、ただ注意して別にのけておくのだが、そうするといつかはその証拠が現れてくる。それがこの節ではそう久しい間待っていることを要しないようになった。一方にこれはどうかとややいぶかしく思うものが、これによって確かにかつて行われた昔話の、破片もしくは変化であったことを、知りえた例もいくつかある。古い文学に対して最も判別に苦しむのは、わが国で民間の文字なき人々の間に、久しく行われていたものと同種の外国説話が、直接書物から訳しまた翻案して、採録せられている場合である。これも結局は現存の口頭伝承の有無によって決するほかはないのだから、稀には類型の未発見のために、せっかくの記録が価値を発揮せぬ場合もなしとせぬ。「蛤の草紙」でいうと、孝子が海へ出てところどころに釣を垂れていると、三度まで同じ蛤が糸に引かれて揚がってくる。何か仔細があろうと、三度目には海へ返さずに、舟の中に取り入れたという条は、昔話としてはまだ知らぬが、伝説では御神体の霊石などについておりおりは聞くことだから、あるいは日本のものとも思える。しかしその蛤がにわかに大きくなって、貝が二つに分れて中から容顔美麗なる十七、八歳の女房が立ち出でたというところだけは、はたして新しい借り物であるやら、はたまたこちらにもこの珍かなる話し方が前から行われていて今はすでに絶えたのやら、まだ何分にも決しかねる。少なくともわが国の竜宮女房系の昔話中には、こういった形はまだ一つも民間から採集せられていない。今後の照合が待ち遠しいことである。

それだからこの点は、大切に管理しておかねばならぬと思う。もしこれが私らの期待するように、かつて前代に行われていた話し方だということを証明しうるならば、今ではきたならしい小便話にまで零落している「蛤女房」が、遠い西洋のアフロディテの神話と、筋を引いていることがわかるのみでなく、国内においてもまた桃太郎や瓜子姫、ことに後者の美しくして機に巧みであった昔話と、いたって重要なる点で連絡しているというのである。昔話の神女が機を織って家を富ましめるということは、日本に限らぬまでも日本において特によく発達している。これが神祭りに伴う最も古風な行事、および処々の淵沼や清き泉に、名となり伝説となって記憶せられる機織の神秘と、下に行き通うていたことは想像にかたくない。大昔われわれの祖先に、その血筋を海の国、あるいは天上の聖地に引く女性があって、綾や錦のすぐれたる技芸を伝えて、国土を美しくまた豊かにしたという語りごとが、久しく信ぜられ記憶せられ、後々は単なる文芸としても、なお永い間この若い国民を楽しませていたことが明らかになってくるのである。昔話の宗教的起源ともいうべきものが、ただこの一筋からでもはるか奥深くまで尋ねていかれる希望が、これによって新たに生まれるのである。これを考えると、単なる文筆技能の一階段として、御伽草子を見ることは私たちにはできない。

（昭和十一年六月、七月『昔話研究』）

笛吹き聟

一

御伽草子の「梵天国《ぼんてんこく》」と同じ話が、今でも民間に口から耳へ伝承せられている例は、少なくとも三つまで採集せられている。草子の文芸は修飾が多くまた長たらしく、全然同じというものはもちろんありえないわけだが、次の三つの点の配合と順序だては、私には偶然に一致しえぬものと考えられる。

第一には殿様の難題である。権勢ある人が世にも稀なる天降り女房の、清くあでやかな姿を慕うて、わざとできそうもない任務を課して、それがもしならぬようなら妻を差し出すべしと命ずると、男は大いに憂い、女房はまた自在なる神の娘であるゆえに、案外にたやすくそのお望みの通りに調達してさし上げる。この一条がまず奇跡の発端として掲げられている。

第二の要点はこれと自然の繋がりのない、まったく新たなる一つの厄難であった。男が舅《しゅうと》の天王を訪問した際に、一粒服すれば千人力がつくという米を饗せられる。それを知らずに屋後の一室に金の鎖でしばられた痩鬼《やせおに》のごとき者が、あまりほしがるので分けてやると、それはわが女房に横恋慕したために、囚えられている羅刹国《らせっこく》の悪王であった。慈悲が仇となってたちまち鎖を切って飛び去り、急いで帰ってみたがもう女房は奪っていかれていたという条である。

第三にはその盗まれた美女を取り返すために、数々の艱苦をなめ尽して、結局は成功するということは、世界の鬼昔に共通な趣向ともいいうるが、ここではその手段がわが国でも比較的珍しい一つ、すなわち笛を吹いて鬼とその一党に気を許させたというものに限られている。

以上三つの特徴のうち、第二は外国には捜せばあるかも知らぬが、わが国の昔話では少なくとも今まで採集せられたものがこれ以外にはない。他の二つはそれほど稀有でなく、ことに前者は非凡の婚姻と結びついた説話が最も古いらしく、笛の方も御伽の「御曹司島《おんぞうししま》渡り」、それと縁のありそうな『義経記』の浄瑠璃御前、そのまた前型かと思われる真野長者の牛飼い童の物語など、古風な聟入《むこいり》話には毎度付随している。ゆえにこういった趣向が一つ一つ、ないし二つまでは組み合っていたとしても、同じ説話なりと認めるにはまだ早い。ただそれが中間に鬼を放すという一条を挿んで、順序経過もほぼ一様なものが併存する以上は、たとえ片方は非常な文飾が施され、口承文芸のほうでは極度に粗野であり質朴であろうとも、普通の人ならばよもや別物とは見ないだろうと思う。今までそれを言う人がなかったわけは簡単である、すなわち一方を賞玩する者が、妙に他の一方について知るところがなかったからである。

二

眼の前の例だから説きたてるのもことごとしいが、この「梵天国《ぼんてんこく》」と同じ昔話の、活字になっているものは次の三つで、いずれも御伽草子の産地とは隔絶した、東日本の片田舎に偏している。

一、『紫波郡昔話』第九五話。「天の御姫様と若者」という新しい名を付けられた話。以前この説話を解釈しようとしたころには、実は私はまだ「梵天国」の内容をよく知っていなかった。

二、『昔話研究』一巻一号に報告せられた越後南蒲原郡の「笛吹男」。これは私は早く原稿で見ていて右の岩手県の話がこの地まで行っていることに注意していた。

三、今一つも二年前に新聞に出たのだが、『昔話研究』では二巻二号に発表せられた八戸市付近の昔話で、「三国一の笛の上手」と題せられ、やはり笛の力によって、女房を取り戻した点に中心をおいているものである。

京以西にまだ類例が見つかっていないのは、必ずしも絶滅ではなかろうと私は信じている。ことに東北では笛吹藤吉郎、または笛吹藤平という昔話がこの他にもそちこちにあって、同じ話の破片であることはほぼ疑いがないのだが、それを決しようとすると弁証が複雑になる。ここに挙げた三話にいたっては読めばわかる。単に三つの要部が一致するだけでなく、それを繋ぎ合わせた話の筋にも、いくつとなき共通の点が認められ、しかも御伽に対しまた三話相互の間に、わずかずつの話しかえがある。それを比べていくとこの一つの場合に限らず、昔話は一般にどういう歩み方をして、昔から今日へあるいて出るものであったかが、やや明らかになって来るのである。

私の問題にしてみようとする点をまず掲げておくと、一言でいえばこの現存の昔話の最初の話者が、御伽草子の「梵天国」を読んでいたか否かである。もしも田舎者でありまた文盲であるがために、そんな文学のあることを少しも知らなかったとすると、この三つもの肝要なる一致を、一貫する偶然というものはありえないから、すなわち御伽草子が昔話を写し取ったということになりそうなのである。もちろんあらかじめ後世のものを学ぶということはできぬし、話は人によって現に今でも話しかえられるのだが、少なくとも御伽筆者の土地と時代とにおいて、今ある三か所の伝承と大様は同じものが、行われていたろうという推測が可能になり、したがってまたその筆者を今いう意味の文人なりとしている、普通の概念は覆ってしまうのである。ゆえにこの両者の前後を決することは、たとえ私たちの問題でなくとも、日本で文学の歴史を調べていると称する人々の、ほったらかしておくべき問題ではなかったのである。

三

それにはなお進んでこまごまとした異同を、比較してみるのが方法かと私は思うが、小口が多いからとても全部には手がつかない。ほんの二、三の心づきだけを、見本としてここに掲げておくと、まず最初に御伽草子の先行を証明するかのごとく思われる一点は、主人公の名前である。これは八戸《はちのへ》地方の昔話だけに、子のない夫婦が観音様へ願《がん》かけをして、夢のお告げがあって男の子が生まれる。玉とも星ともたとえようのないありがたいワラシなので、玉太郎と名をつけたとあるのが、必ずしも説話の主題とは関係がなくて、しかも御伽の「梵天国」と似かようていてかつ粗末である。御伽では男の父の名を五条右大臣高藤などといい、清水《きよみず》の観世音に子を祈る条があまりにも詳しく述べてあり、夢の菩薩が高僧の姿を現じて、磨ける玉を大臣の左の袖に移し入れたまうと見て、やがて北の方懐妊して一子を産む。喜んで玉若殿と名をつけ、光るようにぞおわしけるとも記している。この二つだけを見ると、後者が新たなる思いつきであり、前者はその模倣のように考えるのは無理でない。しかも他の二つの昔話にはない部分だから、あるいはこういうふうにも推測しえられぬことはあるまい。すなわちこの一話の伝承の中途に、測らず御伽草子との類似に心づいた聞き手があって、それは申し子の条が前段にあるはずだと言い出し、抵触もせずまた話を美しく引き伸ばしうるゆえに、採用して補充したという場合もなかったとはいえぬのである。しかしそのような想像に走らずとも、異類婚姻の多くの昔話には、往々にして主人公の生い立ちから説き起こし、それを子のない夫婦の祈願および神仏の霊験にもとづくように説くものがあったのである。玉という名の神の子も稀れではない。夢に珠玉を得てそれが美しい子の生まれるしるしであったということも、古い卵生説話以来の話の種で、桃太郎の桃、瓜子姫の瓜も、いわばその変形であったのだから、必ずしも御伽草子の文芸が筆録せられるおりに、五条右大臣のごとく、ふと思いつかれたものと見ることを要しない。すなわちその当時すでにこういう形の説話が流布していて、それが筆者の聞くところであったと見ることもできるのである。全体からいってこの「梵天国」の一話は複合型であった。今いう意味での一つのコントでなく、数多くの「さてもその後」をもって繋がれた歴史風の話し方であった。そういう話し方の愛好せられた時代には、こうしてところどころに小さなヤマを配置する必要もあったのである。

四

次にもう一つ八戸の昔話では、玉太郎が鬼が島から女房を連れ出して逃げる際に、鬼の大将がどんどん追いかけてきて、もうつかまりそうになったとき、女はお月様の娘だから、お月様助けて下さいと願い事をすると、天上から鶴が一羽下りて来て鬼の百里車にどんとぶっつかる。車はさっくと二つに裂けて、鬼は落ちて死んだとある。壮快なる場面だが、鶴の出現はやや突如としている。これは御伽草子のほうに、夫婦はもう観念して鬼に捕えられようとしているところへ、迦陵頻《かりょうびん》と孔雀《くじゃく》との二つの鳥、不意に飛び来って羅刹《らせつ》と夫婦との車を前後に蹴り放ち、さらに一方の車を奈落《ならく》の底へ蹴り落としたというのとよく似ている。そうして御伽においてはこの二種の異鳥が、前に主君の難題によって、また天人女房の才覚によって、天から呼び寄せてお庭で七日の間、舞わせて御覧に入れた鳥だったというのである。こうして見ると、この点もあるいは昔話の側の模倣のようにとられるかもしれぬ。しかし一般にいわゆる逃竄《とうざん》説話においては、この最後のモメントがいちばんむつかしいところで、何かよくよく危うかったことと、かつあざやかに脱出したことを説かねばならぬので、古来いろいろのくふうが積まれ、かつ話者の技倆に若干の自由が認められていた。日本に現在多い形は、杓子で尻をたたいて鬼を笑わせ、呑みほそうとしていた海の水を吐き出させる話、または鬼と女房との間にできた小鬼が、身を捨てて母の側に加担するというような、幾分か技巧に過ぎた趣向のみであるが、それらに比べても御伽草子の展開は拙劣である。ことに前段の難題の引き合いに出た鳥を、もう一度登場させるなどは用もない小刀細工であって、むしろかようにしてまでもここで鳥類の援助を説かなければならなかったのには、前からの隠れた約束があったからで、八戸昔話の救いを父の神に求めると、鶴の姿になって飛び下って車を擘《さ》いたというほうが、比較的自然にもとの形を伝えているかとも考えられる。他の二地方の例はどうあるかと見ると、越後の「笛吹男」ではこの部分がもう失念せられているが、陸中紫波《しわ》郡の例では、姫が危急に迫って声の限り、父の天王に救いを求めると、天王自身が鬼を目がけてさっと下りて来て、ずたずたに斬り殺してしまったとある。それくらいならいま少し早めに、助けてやったらよさそうにも思えるが、それでは話にならぬのだから、これはいたしかたがない。なおこのついでにいうと、一息に千里走る車と二千里走る車とに差等をつけたもとの趣意は、実は上等なほうに主人公が乗って逃げ、鬼が二等のほうで追いかけたが及ばなかったと、説こうとするにあったらしいが、「梵天国」系統の昔話ではもう一くねり変化させて、二千里の車は取り出せないので、千里の車で辛抱して逃げることにしている。そんなことをするからここにいま一つ、何か奇抜な趣向を凝らさなければならなかったので、その危機一髪をほっとさせる手段としては、迦陵頻と孔雀だけでは少しばかり有効でなかった。つまり草子の筆者は決して昔話の専門家ではなかったのである。

五

それからいま一つ、これは小さな看過されそうな点だが、せっかく天王が八本の鎖でしばっておいた羅刹の王に、よしなき慈悲心をもって施したのが仇となったというものを、御伽草子では「長さ一尺もある米粒の飯」と書いているのは、「汝舌を出せ」といって舌を出させてみると、その長さが一尺もあるのでびっくりしたとある一条とともに、ことによるとこの筆者の空想だったかもしれぬ。昔話のほうでは奥州の二話だけが、ともにその飯を一粒食えば千人力がつく米の飯といっており、越後の一例においてはこれを千人力の出る薬というのみでなく、それに伴のうてまた一挿話がある。すなわち男が天上へ聟入りをしようという際に、留守をする女房から教えられる。天では莫大の黄金を引出物にくれようとするだろうが、それはいらないから薬を下さいと言えというので、その通りに所望すると、大事な娘の聟のいうことだすけと、わざわざ天竺《てんじく》のまた天竺からその薬を取り寄せてくれた。それをこの鬼が知っていて分けてもらうのである。だいぶん腹がへっているようだと思って、聟が台所から大きな焼飯を持って来て与えると、わしは焼飯はいらないすけに、その薬を一服分けてくれといい、もらって飲んでしまってすぐに鎖を断ち切り、さき廻りをして女房を奪って行くのである。米と薬とでは二通りの趣向で、越後へ伝播するまでにもうこれだけの改造が起こったことは察せられる。霊界の米には一粒が鍋一ぱいの飯になるなどと、しばしば昔話の題材になっているのがあるから、これを薬にかえたのはむしろ忘却に伴う合理化と見られる。しかもその一粒の長さが一尺などというのも、これまた争うべからざる大話《おおばなし》の類であって、早くからそうあったろうとは考えられぬ。現在東北の二つの話し方のごときは、もしも御伽草子のほうのお手本を知っていたなら、とうていこう尋常には語ることはできなかったろう。すなわち口承の昔話の方が、かえって三百年前の文芸よりも、古い内容を持っていると思われるゆえんである。

六

それよりも重要な点は、この笛吹き聟が天に登っていった事情であるが、この部分は『御伽草子』と三箇処の昔話とは、明白に違っている。「梵天国」のほうでは主君の難題の三つまでは容易に解いたが、最後の第四番目の難題が、梵天王の直《じき》の御判を取って来よというので、これだけはさすがの天人女房もよい思案がない。自分は葦原国に契りがあって、天に帰ることができない。別れはつらいけれどもあなたがもらいにいくより他はないと言って、不思議の竜馬を見つけよく秣《まぐさ》を飼って、夫一人を親里へ赴かしめるのである。これはいかにも苦しい理由づけであり、また他のすべての同種説話の「殿の難題」の結末とも一致していないのだが、はたして現在の三つの昔話では、いずれもいたって無造作に聟一人で、天上の舅《しゅうと》へ初礼に行ったことになっている。これは私の推察するところでは、婚礼をすませてだいぶんの月日が経ってから後に、男がただ一人で初聟入をするという民間の慣習が、中央のよい社会、少なくとも御伽草子でももてはやそうという家庭には、まったく認められないかまたは理解せられない行事であったためだろうと思う。しかも女が奉公その他によって遠くに行き、自然に縁につき男をもった場合には、夫婦つれだって親に逢いにいく便宜も少なく、など経て男ばかりが舅に見参《けんざん》をするということは毎度あって、田舎では格別奇異なることでもなかったのかと思われる。いわゆる天上聟入は昔話の最も興味多い部分で、誰しも一生に一度はもつ経験であるゆえに、その変わった形を説くことは人望があった。それをこのような天王の判もらいというような、類のない趣向に置きかえたのを見ると、私などにはあるいはこの御伽草子の筆者を、世俗の見聞に乏しい大家の奥女中、たとえば小野於通《おののおつう》かまたはその作品中の人物、冷泉《れいぜい》などのような身分の者ではなかったかと想像せられるのである。

　ところが昔話の多くは鄙《ひな》に生まれ、また田園の草の香の中に成長している。これを都府の文学に化することは、外国小説の翻訳に近い難事業であったことと思う。一例をいうと羅刹の悪王に千人力の米を食わせる条などでも、御伽のほうでは「傍なる間を御覧ずれば、骸骨のようなものあり。……金の鎖にて八方へ繋がれて居たり」とあって、あたかも御殿の一部が鬼の牢獄だったごとく見えるが、そんな不精確な記述があるものではない。一方昔話のほうを見わたすと、嫁の親がきょうは一つ屋敷を見物したらどうだというので、あちこちを見てあるくと家の裏に牢屋があってといい（越後）、あるいは聟が帰りに宝の米をもらって、大喜びで門の裏まで出てくるとともいって（八戸）、いずれもおおよそ家の外の、廐《うまや》でもありそうな箇処に鬼が繋がれている。これは偶然ではなくわざとであろうと思う。昔の田舎の旧家でも、聟と舅の対面にはそう豊富な話題がない。それで愛相に邸内をつれまわし、自慢の馬などを見せ、それをまた引出物にもしたことは、古い物語などにも見えているだけでなく、現に馬鹿聟話にさえ惜しいところに穴がある。あれに一枚短冊《たんざく》でも掛けてはいかがと、馬の尻を指さした笑話があるのである。東北に一つある仙郷滞留譚に、知らぬ間に月日のたつ形容として、飼草を手に持って廏の前に立つと、見ているうちに草食わぬ馬がやせていくなどというのもそれで、つまり聟殿は初礼の日には、よく廏を見てあるくものだったからである。そうしてその機会に天の王様の聟は、妻を奪おうとしている悪い鬼を見つけ、知らずに千人力の米をそれに飼ったのである。

七

意外に長くなったがなお一つだけ、言い落とせないことがある。殿が美しい女房を取り上げようとして、言いかける難題は紫波《しわ》郡では二つ、灰縄《あくなわ》千束と天の雷神をつれて来いというたって古典的な御用ばかりである。八戸のはこの点が省かれているが、『老媼夜譚』の「笛吹藤平」でも、やはり灰縄千把と打たぬ太鼓の鳴る太鼓、および「天の雷神九つの頭をさし出せ」であり、越後の「笛吹男」でも灰縄千尋と、打たぬ太鼓の鳴る太鼓、および雷様の子を十疋であって、三つともに造作もなく取りととのえて、結局は殿が閉口めされる。しかるにひとり御伽の「梵天国」にあっては、一度は前にもいう迦陵頻と孔雀、二度目は鬼の娘の十郎姫をつれてこい、三度目が天の鳴神を呼び下して七日の間鳴らせてみよといわれ、それも首尾よくすむと今度は梵天王の直の御判とくるのである。難題を承知の上で命ぜられるのだから、どんな途法もない注文でもよいのだが、やはりまた『今昔物語』以来の伝統から、そう遠くへは逸出してはいない。しかも計画の成功と否とに論なく、この一篇の草子の主たる目的は、この空想の自由領域において、できるかぎりの新意匠を出すにあったらしい。これが『竹取物語』の五人の求婚者の、解かずにおられなかった五つの課題と、制作動機において同じいことは、今さらくだくだしく説くまでもあるまい。それとこれとの違う点といえば、一方は恋いらるる者が難題を出し、こちらは恋うる者が出すということであるが、これは昔話の方にもあまた例のある変遷で、根源はすべてこれを解いて幸福なる婚姻をまっとうしたという信仰説話から出ているのである。そういう中でも『竹取』はその解決を未解決に引き直して、予期せられざる結末を導こうとしているが、「梵天国」はしまいまで昔話のままである。文学の芽生えとしてはこのほうが一段と価値は低い。

（昭和十二年十月『昔話研究』）

笑われ聟

一

昔話を三つに大別して、第一に本格の昔話、第二に動物説話、第三に笑話と、三つの似もつかぬものを並べることは、素人にはもちろん奇妙に見えるが、これは現実にこの三通りの話ばかりが数多く、われわれが昔話といいまたは民間説話と呼んでいるものが、たいていは三つのいずれかに入ってしまうのだからいたし方がない。どうしてまたこのような状態の出現を見るにいたったかを、もっと精確に発生学的に解説しうるまでは、まだ当分はこの粗末な分類法を、承認しておくのほかはないのである。しかしこれからさらに論を進めて、右三種の昔話がともに古く、三もと相生いの木として育ってきたものと、考えてよいか否かは別の問題に属する。西洋の学者の中には動物譚が子供らしく、笑話がいつも単純であるために、あるいはこの二つのほうがかえって前のものであるように、言おうとする人もある様子だが、少なくともそれには証拠がなく、また私らから見れば反対の資料がある。インドの説話を研究していると、あそこには非常に古い動物説話があり、また時としては今でも流布しているおどけ話の、もとの形と見るべきものに出会うことがある。これが他の新たに興った国々の、本格説話より前であることを、証明するのはいと容易な業であろうが、それはただ単に国の年齢に大きな差のあることと、昔話の笑話や動物譚になっていく路筋が、種族の同異を超えた共通性をもっていることを暗示するのみである。インドは文化が非常に古いゆえに、この二つのものも早くから現れていたことはわかるが、さらにそれよりも古いものが、なかったということは誰にも言えない。記録はむしろ新たに生まれたものを珍重して、古くさくもしくは普通なるものを顧みなかったとも考えられるからである。今残っている文献のみによって、民間文芸の起原を推究しようとした方法は誤っている。

これにはまずもってある一つの国内の実験、同じ一団の民族が自分の中にある昔話を、いかに養い育てまた変化させてきたかを、仔細に観察していくことが自然なる順序であるが、そういう便宜をもつ国は今まではあまりなかったのである。日本の有利なる条件は三つ、一つには資料の意外に豊富なこと、久しく外部の人からは気づかれずに、島々と山の奥にまだたくさんの昔話が持ち伝えられていたこと、第二にはこの互いに比べてみる機会もなかった各地の伝承が、無意識にあらゆる変化の段階を代表していることであり、さらにいま一つのよその国には望まれないことは、過去数千年の永きにわたって、国外の影響が少なく、絶無でないまでもその入口が限られ、これを跡づけ選り分けることが、必ずしも不可能でないことである。昔話の研究の早く進んだ国々は、あいにくにもこの条件の二つまたは一つを欠いていた。したがってわれわれの新たなる経験は、まだまだ多くの好参考を世界に供与することができるのである。そういう中でもいわゆる動物説話のほうは、独立して一類の昔話となった時代が、だいぶ笑話よりも早かったかと思われ、他の類の昔話との交渉が稀薄であり、また錯綜している。人は具体的なる証拠のすきまを縫うて、今後もまだ若干の仮定説を試みることができるかも知らぬ。しかしこれとても一方の笑話のほうが、徐々として本格の説話の中から、分れて発達して来った事情が明らかになっていけば、後には類推によって幾分か連絡が見つけやすく、解釈が下しやすくなるかと思われるが、今はかりにこの分は不問に付し、主としてまず笑話のいかにして生まれかつ普及したかを、できるだけ想像を加えずに説明してみよう。

二

日本で昔話の採集せられた土地は、現在のところではまだ百箇処に満たず、そういう中でもやや纏まって、二十、三十という数の同時に筆録せられているのは、またその半数にも足らぬ状態であるから、これだけの資料ではもちろんまだ大体の傾向しか説けぬわけだが、一般には笑話が最も数多く、かつ最も活発に流布しているという印象を与えられる。都市とその周囲のすでに開けた土地には、時としては笑話すなわち昔話と思っている者もあり、または小児までがこれを昔話として聞かされている例も多い。しかしただこれだけの地方的な現象によって、国全体としての笑話の数が、はるかに他の種の昔話を圧倒しているもののごとく、断定しようとしたらそれはまちがいである。その理由はいたって簡単で、他の種の昔話は分布がやや稀薄で、同じ一つの型は多くの土地からは採集せられず、地を異にすれば必ず若干の変化が見られるに反して、こちらは「団子聟」だの「牡丹餅化け物」だの、またはややみだらなる「糸引合図」のごとく、ほとんどまるまる同じといってよい話が南は九州のはてから北は奥羽の片隅まで、一様に行きわたっていて何度でも採集の網にかかり、土地では他処を知らぬから、それぞれに一話として通用しているのである。これには何か特別の原因がなくてはならぬ。話が手短かで模様替えの余地もなく、かつ一般に趣向の今風であることも、こういう異常な流行をうながした理由だろうとは思われるが、なおそれ以上に有力だったのは、新しい運搬機関、すなわち座頭とか太鼓持ちとかいう類の、主として人の機嫌を取る職業の者に、伝授があり師弟の系統があって、どこまでも持ってまわろうとしたこと、次にはまたこれに対応した地方需要の変化ということも考えられる。あるいは昔話を聞く機会が、以前はやや限られ、後々は増加しまた自由になったためかもしれぬが、とにかくに人は同じ話をまた聴く根気を、だんだんに失ってきているのである。浄瑠璃その他のかたり物ならば、さきを知っているほうがかえっておもしろく、聞いて暗記までしている聞き巧者というものもあるが、これが「はなし」となれば古びということをひどく恐れ、知っているといわれると中途からでもやめるし、またあの話をとせがむ者は、もう児童の中にもおいおいと少なくなってきた。順序・間拍子・表現のし方よりも、中味に重きをおく傾きが加わったためとも見られるが、大きな他の原因はやはり笑いというものが、新奇と意外とを生命としていたことにあって、一たび笑話の独立した存在が認められると、それから以後は急激に数を増して、多くの古ぼけたものはどしどしとすたり、しかもその代わりの注文に応じきれないので、わずかばかりの人気のある話だけが、全国を飛びまわるのである。これとやや似た事情は古代にもまた外国にも、心付けばきっと見出されることと思っているが、日本ほどはっきりとそれの現れているところはまずないのである。誰でも知っていて片端をちょっといえば、すぐに思い出していっしょに笑えるような笑話は、われわれの間ではどれもこれも、たいていは近世の国産という刻印を打ったものばかりである。

三

熱心なる多くの昔話研究者が、この類の笑話を軽蔑し、粗末に取り扱うのには相応の理由がある。どこで聞いてもまたかと舌打ちするものばかりで、しかも覚えている当人はおもしろがり、これを覚えるために他の古風なよい話を忘れている。昔話衰頽の顕著なる一つの兆候ともこれが認められるからである。前代を理解しようというわれわれの学問が、おそく始まったために時期を逸しているのはこれ一つのみではない。困難はますます多くなっているが、なおこの期に及んでも学ぶべき必要がありとすれば、方法は決してないわけでなく、むしろこういう零落の姿の中からでも、いくつかの幽かな暗示を捉えうることを喜ばなければならぬ。笑話はまことに走馬燈のごとく、次から次へと目先をかえていくように見えるが、やはりその背後には一つの中心の光があって、それによって定まった表面に照らし出されたものでなければ、われわれはこれを昔話としては受け入れなかった。人の空想は世とともに遠く奔逸し、自然のおかしみも新たにいくらでも経験せられているにかかわらず、ただその一小部分の限られた型に属するものを拾い出し、または無理にもその在来の型の中にはめ込んで、それだけを昔話だといって大衆は笑っているのである。この暗黙の約束のようなものの中に、あるいは若干の歴史が埋もれているのではないか。日本でならばまだこれを考えてみることができるように、私などは思っている。

今日昔話として全国に流布している笑話は、存外にその数が多くないばかりか、趣向の上から見ていってもおおよそは種類がきまっている。私はまず四通りにこれを小別すれば十分かと思うのだが、あるいはもう一つ二つは増したほうがよいということになるかもしれぬ。その四つというのは第一には悪者の失敗、いわゆる隣の欲深爺の類から、小気味よく退治せられる鬼・山姥・狐・狸などの敗北の醜態が、幼い聞き手の高笑いの種になるのだが、これは成人の間にはさほど人気がない。第二には大話《おおばなし》またはテンポ話などと称して、天まで届いた茄子《なす》の木という類の誇張談、近代人の想像力がいくらでも新しい方面を開拓していけそうな話で、かなり専門家の努力が試みられたらしいにかかわらず、これにも隠れたる限界があって、それから外へ出ようとするとすぐに昔話ではなくなる。第三には術競べ、智恵比べの話で、これをおかしく語ろうとすると、勢い第二の大話と近くなるのだが、以前は意外な優勝という点に、笑いを誘うものが別にいくつかあったようである。最後になお一つ、特に私がここで詳しく述べてみたいと思っているのは聟入話、これが現在の昔話の中では、図抜けて有力な地位をもっている。この四つのものはもちろん入り交じり、また何かというと二種以上を組み合わせて、少しでもおかしみを濃くしようとする者が多くなってはいるが、そういううちにも一方には空想の行き止まりがあり、かつあまりにも現実から遠くなって、新たなる技巧の施しようがなく、しだいにかびの香が鼻についてくるに反して、この第四の笑話だけは、種をつぎつぎの人生の愚かさから供給せられて、いくらでも新鮮になり、したがってまた御注文が絶えなかったのである。[39]中世以来の婚姻制の変遷、聟が友だちの少ない他村に入ってきて、嫉み憎まれないまでも同情の淡い空気の中に、息づき働くようになったことが、いちじるしくこの流行を助けたものかと私たちは想像しているが、それを安心して主張しうるためにも、やはりもう少しこの類の笑話の成長ぶりを、注意してみなければならぬのである。

少なくとも聟が笑われ嘲けられやすい境涯に陥ったころから、われわれの聟入話は一段とばかばかしいものになってきている。笑話としては純化してきている。以前はある一つの複雑した婚姻成功譚の一部分をなしていたものが、そこだけ引き離されて独立に、人に腹を抱えて笑わせるようになった。例で説明をしたほうが筆者にも楽しみが多いが、たとえば炭焼長者と称して、ある貴人長者の姫が、神仏の霊示に信頼して、山間の貧しい炭焼の小屋へ嫁にくる。男は金塊の山と積まれた中にいて、あくせくと稼いでいるのだが、自分ではまだそれに心づかない。初めて女房から小判というものをもらって、米を買いに行く道で、それを沼の水鳥に投げつけてなくしてしまう。あるいは月夜のわが影法師のひょろひょろとしているのを見て、おまえもひもじいかとその米をつかんでは投げてやり、袋を空《から》にして戻っている。こういう途法もない物知らずではあったけれども、持って生まれた運は争われず、後には山一ぱいの黄金を世に出して、長者夫婦となって光り輝く家の先祖になるという話。この昔話の前後二つの部分の中で、後のほうはもちろん肝要だからそうやたらには変えられない。したがって時経るままに印象がやや弱くなるに反して、前段はいわゆる自由区域だから、おいおい目先をかえて聟殿の愚鈍であった例をおもしろくしようとし、末にはここだけでも結構一つの笑話となるのみでなく、時としては幾分これを修飾して、聞き手の興を少しでも長くつなぐこともできる。今でも各地にまだ行われている「ばかの一つ覚え」、私たちがかりに「段々教訓」などと呼んでいる一話は、この滑稽を数多く積み重ねたもので、関東以西ではこれがばか息子となり、火事だ、鍛冶屋だ、牛の喧嘩だなどと、いくつもの大袈裟な事件を並べたてているが、東北にはこれをおろか聟が舅へ礼に行くたびに、いろいろの引出物をもらってくる話として、伝えているものが今でもある。『聴耳草紙』に採集せられた一話などは、発端が炭焼長者と同じで、もらった銭を沼の水鳥に投げつけて、手ぶらで帰って来たところから始まっている。今度は財布に入れてくるがよいと教えると、馬の首に財布をかぶせて牽いてくる。それは手綱でよく結わえてくればよいにと教えると、今度はまた茶釜を引きずって来てこわしてしまい、弦だけを門の柱へつないでおいた。というような間の抜けたことを次から次へくり返すので、ここではまだその教訓をするのが母親だが、土地によっては女房が気をもんで、いろいろと口上を教えまた珍しいみやげ物を持たせやるというような、聟入話の形を保存したものもあるということである。こんなたわいもない投げやりな道化《どうけ》話でも、よく見ると徐々の改作があって、突如としてある一人の才能ある者の、発明に出でたというものは実はないのであった。発明は必ずしも不可能な事業ではなかったろうが、勝手な創作をしても聴衆が承知をせず、それを昔話とは認めなかったのかと思う。われわれ国民の九割九分が、ただ昔話の笑話によってのみ、外部を笑うことを許されていた時代は、存外に永く続いていた。そのなごりは『膝栗毛』や『八笑人』の類を通して、今でもまだ少しは常民の笑いを拘束している。人は闘争を賭し憎悪《ぞうお》の危険を犯さなければ、そう自由にはおかしいものを笑えなかったのである。これが笑話の繁栄を支持した力は大きかったとともに、一方には暗々裡に世の滑稽の品目と方向とを指示して、容易にその埒外に逸出するをえざらしめたことは、今日のいわゆる大衆文芸家が、目に見えぬ読者層から受けている圧迫よりも、また幾倍か強い首かせであったかと思われる。必ずしも日本人がユウモアの才に欠けていたためでなく、われわれの無害なかつ比較的上品な笑いは、久しい間こんな狭苦しい切通しのような道を通って、ようやくのことで持ち伝えられてきたのである。昔話の歴史はこの意味において、別に専門以外の人々の注意に値するのである。

四

多くのばかげきった聟入話を聞いているうちに、自然に何人にも少しずつ気のつくことは、古い形式の本格昔話との、無意識な連絡である。たとえば廏に行って馬の尻を見て、この穴にも十三仏《じゅうさんぶつ》のお札か何かを貼っておけばようござろうといったというなどは、舅がひどく気にしている床の間の節穴を、嫁に教えてもらってそういったのが成功したので、もう一度その伝を試みてばかがあらわれたことになっているが、加賀では新調の屏風をほめる際に、指ではじいてみて「内張り外張りよう張れとるもんじゃ」と言いなされと教えられて来て、それを舅が秘蔵の廏の馬に応用してすぐにしくじる。あるいは喜界島などでは馬が死んだと聞いて見舞に行くのに、挨拶の口上を女房から口授せられる。「馬を死なせて残り多いことをしました。きょうはまた焼いてともにカッチィさせ」て下さいといったまでは上できであったが、後に姑の死去の悔みにも、同じことを言って怒られてしまったのである。カッチィというのは御馳走のことだそうで、島では死馬の肉も共食する風俗があった。こういう場合にさえばか聟といえば必ず馬の話を伴のうているのは、これは一つの伝統というものであったかと思う。すでに「梵天国」の御伽草子の聟入の段にも見えているように、初対面の聟舅は手持ち無沙汰で、しばしば馬の話が話柄となり、それから廏を見てまわって、ほめられて引出物にひくという段取りに進むのが、武家時代の現実であったゆえに、笑話として独立してしまわぬ前から、もう欠くべからざる聟入話の叙法となっていた。それがいつまでも痕跡を留めているのである。

それよりも一段と意味が深いのは、新嫁の忠言という点である。聟の愚かしいのに誰よりもまず気をもんで、こう言えああ言えと女房が口上を教えると、もともと付け焼刃だから、やがてはげてぼろを出すというのが、今日の笑い話の通例の型であり、中には猥雑なる「糸引合図」、さようの頭がもげそうでござるというような、話にならぬものまで考案せられているが、これらを引っくるめてまでなお認めえられる特徴は、舅がそれほどまでに批判的で、何かというと娘を取り戻そうという態度であるに対し、いつも忠実に聟の身方になって、陰にいて初見参の上首尾を念ずる者が嫁であることで、これはむしろ今日のばか聟話だけでみると、やや解しがたい愛情とも見られるのだが、「御曹司島渡り」などの古い型から、ずっと見わたしてくると、その趣向には合点がいく。女房が早く夫の本心を見抜き、もしくは他人のまだ気づかない美点をよく知って、終始心をかえないという点に、古来の恋愛文芸の中心はおかれていたのである。笑話が最初から手の付けられぬ愚か聟を、笑い飛ばすために生まれたものでないことはこれでもわかる。すなわち多くの本式昔話の趣向とともに、貧しく見苦しくまた小賢《こざか》しからず、常人の目には鈍と見えて、さんざん軽蔑せられていた男が、末ついに幸運に見まわれ、莫大なる富と幸福の主になったというための、これが下ごしらえであったのである。昔話の聴衆はそういうことを予期しつつも、やはりいったんは最初の愚かさの条において、腹の皮をよじるほど笑うのが慣例になっていた。そうしてここに話術の巧みがいちじるしく加わると、ついには熟した果実のように、話の根幹とは縁の切れた、別箇の存在となってしまうらしいのである。

これが私一個の独断でないことを証するためには、いわゆる愚にもつかぬ昔話を例に引かなければならぬ。「結い付け枕」という名で知られている一笑話などは、今ではもう奥山家のおろか村の、文化に立ちおくれているという例証となって、首掛け素麺《そうめん》や飛び込み蚊帳《がや》などと同列に見られているようだが、われわれの見た範囲では岩手県の二箇所、甲州と飛騨と因幡《いなば》とにほぼ同じものがあって、形はこわれているがまだ昔の聟入話の痕跡を存している。聟が枕というものを今までしたことがないので、舅の家に来て泊って枕がはずれて困った。それで褌《ふんどし》をもって頸にくくり付けて寝る。それを解くのを忘れて翌朝はのこのこと、炉の傍へ来て坐ったのでおおいに笑われ、こんな馬鹿者には娘はやっておけぬといわれる。東北の例では嫁がそれを悲しんで聟の朋輩《ほうばい》にそっと頼んでやると、次の日は聟の村の若い衆が数人、いずれも枕を頭にくくり付けて前の林へ来て雉子《きじ》追いをした。おら方の村では外へ出るときは、皆ああして枕を結わえ付けてあるくと娘がいうので、土地の風とは知らなかったと、親も納得して再び添わせることにしたといい、あるいはまた友だちが聟のしくじりを聞いて、雪の降る日に鹿を追うて来て、揃って嫁の里に泊めて貰い、翌朝一同は枕を褌でくくったまま膳に坐った。おら方の村の作法では、心置きなく泊めてもらいましたというしるしに、皆客にくるとこうして朝飯をよばれますというので、聟のしたことがばかな所作《しょさ》ではなくなるともいう。飛驒では里の母親が一人、下女たちの聟を笑うのを制して、ところにはところの作法もある。よく尋ねてみなければ笑えぬといったともあって、嫁の弁疏《べんそ》というほうが古くからの形ともいえぬが、朋輩の援助によってばか者と長者のまな娘と、不釣合いな婚姻を成り立たせたという話は、関西諸州でいう隣の寝太郎、奥羽でせやみ太郎兵衛だの蕪焼《かぶや》き笹四郎だのと称して、能なしのなまけ者が、一躍して富と美しい妻とを得たという昔話には、ほとんど例外なしに付随した挿話になっている。これまた突然に考案せられた新しい趣向ではないのである。

あるいは女房から教えてもらった口上を取り違えて、とんでもない時にそれを言って笑われるという滑稽なども、もとはいま一段の由緒があったものかもしれぬ。これも東北の一例だが、舅の坪庭の大事なオンコの木が枯れたので、それを見舞にいって気のきいたことを言ってほめられ、今度は婆がなくなった時にも同じ挨拶をしてどなりつけられるという話がある。それを地方によっては舅礼の挨拶に、何と言ってよいかに困って、途中で木を切っている老人に相談をすると、老人はまたその木を何にするのかと問われたかと勘ちがいして、

一ばんもとは二斗ばり臼、二ばんもとは一斗五升ばり臼
三ばんもとは一斗ばり臼、しんは削って杵にする

と答えると、その通りを年始の挨拶に述べて、嫁の親たちをびっくりさせたという話になって、このほうが幾分か自然に聞える。近世の盲法師どもは口だけが達者で、ただこの文句をくり返して腹をかかえさせたのであろうが、もとは何らかの第二の意外が付いていて、この挨拶が偶然にばか聟の成功に帰したということになっていたのかもしれぬ。やはり同一系統の「口伝聟」の中には、隣のじい様が川の向こうで魚すくいをしている。聟がそこを通りながら、舅礼の辞儀を教えてくれというと、爺はたくさん捕ったかと問われたものと早合点して、「なアに今朝《ごしょう》はわからない、朝飯前にこればかり」と、魚籠を頭の上に挙げて見せる。その文句を後生大事に暗記して、女房の里の門から、一升樽を頭に載せて、そう言いながら入っていったなどというのもある。話者も聞き手もこれだけでもう笑ってしまうが、こんなまとまりのつかぬ話が最初からあったはずはない。似寄った多くの例を

比べるとわかるように、かつてはその魚なり臼《うす》・杵《きね》なりを、初聟入の礼物に持参した一条があったので、すなわち言葉は無調法でばかにせられるが、りっぱな付け届けをして、嫁の親たちを満足させたということを、かなり露骨に叙説した昔の粗朴な人々の話し方が、こんな笑話ばかりに消え残っていたものと思う。

五

現在流布しているすべてのばか話が、いずれも皆前代の本格昔話の断片だということを、一つ一つについて証明することは私にはたぶんまだできないであろう。しかしその中の主要なもの、ことに世人が曾呂利《そろり》新左衛門、野間《のま》藤六《とうろく》輩の新案になるかのごとく思っている多くが、実は少しずつ旧来の伝承を引き曲げねじ曲げて、末にはこの笑いの部分だけを取り離したのだということを認めうれば、少なくとも笑話のこの種の根源が、無視することのできない証拠にはなり、あるいはさらに進んで他の若干の未知のものにも、今日はすでに消えている元話のあったことを、類推してもよい時がくるかもしれぬ。いわゆる大話や術競べの話、ことに化物や強欲爺のしくじった笑話には、今でもまだ長い末めでたしの本格説話の中に織り込まれて、独立していないものがいくらもある。そうして一方には中古の記録に、同じ趣向をやや改作した小話の滑稽が、すでに数多く採集せられているのである。農民の子女と都府の文化人との間には、趣味の懸隔はもとより顕著であったが、今とても全国は必ずしも平均せられてはいない。すなわちその比較によって昔話の経過してきた道程をおおよそは遡りたどっていくことができるのである。

たくさんの例をあげることは断念するが、『醒睡笑《せいすいしょう》』[40]の中でもやや上作の部に属する一話、

> 一番に構へられた聟殿、舅の方へ始めて行き（中略）、友の教へけるやう、初対面に物を言はずばうつけとこそ思ふべけれ。相構へ何とぞ時宜《じぎ》をでかせよ。心得たりとうけごひつるが、一言の挨拶も無し。既に座を立たんとする時、聟殿が言ひ出すやう、何と舅殿は一かゝへほどある鴫《しぎ》を御覧じたることはおりないか。いや見たることはおりない。私も見まいらせぬと。言はぬは言ふにまさるとやらん。

これなどは現代人の全く歴史を省みぬ者が読んでも、やはり笑わずにはおられぬ新しいおかしみではあるが、考えてみると「一抱へほどある鴫」はあまりに突兀《とっこつ》としている。これには『万葉集』の生田川《いくたがわ》以来、聟と水鳥とに歴代の因縁があったことも考えられるが、それよりも手近なところでは、縁で結ばれた義理の親子の間に、しばしば頓狂な問答が取り交わされたという一条が、笑いの種となって挿入せられていたらしいことである。これも聟入話をおもしろくするある時代の新案かもしれぬが、聟と舅との初対面の会話に、いわゆるテンポ比べをしたという話がおりおりある。たとえば福島県の海岸部に行われてい

たものでは、おれは牛千疋を洗足させるほどの大きな盥《たらい》を見たと舅がいう。わしはまた天に何かえりも届くような竹を見ました。そんな長い竹を何にするか。たぶん牛千疋の盥のたがにするのでしょうといって、舅殿を閉口させたというのである。同じような大ほら吹きの話は他でもよく聞くが、それを聟入話とし、また牛千疋と天に届く竹とを説く点は、私たちには確かに心当たりがある。これも大話の系統の天上聟入の一話に、天人が隠された羽衣を見つけ出して、それを着て天へ帰った後から、千頭の黄牛を土に埋めてその上に瓜をまくと、瓜の蔓が伸びて天に届き、それを梯子《はしご》にして登っていったといったり、もしくは長い竹が成長して天の米庫を突き破り、それを樋にして屋敷に米の山が降り積もったといったりすることは、この古くしてまた世界的なる異類婚姻譚の、日本における近世式変化であった。人がこの説話を愛玩するのあまりに、新たに脱ぎ替えさせた時代の装束であって、それをまたやや縫いなおしてこういうわざ競べの場合にも着せてみようとするのである。笑話がただ気まぐれの思い付きでなかったことはこれだけでもわかる。

それからまた一つの大話で、今でも田舎の子どもがおもしろがって聞き、たぶんは一生涯記憶している「兎と山の薯《いも》」という話がある。あるいは「まの好い猟師」などと呼ぶ土地もあるが、幸運は狩だけでなく、主人公は必ずしも猟師でない。発端はいろいろあってへの字形に曲がった鉄砲で狸の群れていくのを撃つと、一発で全部の狸に当たったとも、または寒い朝池の氷に足を取られている数百羽の鴨《かも》を、引き抜いて片端から腰帯に挟んだともいって、まず極端なる不可能事を説いて面くらわせるのであるが、話はそれをもって結ばれずに意外から意外へ、展開していくのを興味の焦点としている。個人の才能の応用しやすかった舞台である。その中でも鴨のほうはおおいに朝日が高く昇って氷が融けると、一時に羽ばたきして大空に舞い上がり、末には何とか寺の五重の塔のてっぺんに落ちたなどといい、いわゆる「鴨取り権兵衛」の冒険譚になるのだが、他の一方では水を渡って帰ってくる路で、何だか腰が重いと思って気が付いてみると、股引のふくらみに泥鰌《どじょう》が一ぱい入っている。こいつはたまらぬと岸へはい上がろうとすると、木の根と思ってつかまえたのが兎の後足または昼寝をしていた野猪の脚であって、彼は苦しまぎれに崖の土を引っ掻くので、そこからまた何十本という太い山の薯が掘り起こされたなどと、際限もなくうまいでき事ばかりを重畳させていくのである。たいていの昔話はこの大笑いの連続をもって、もう結末をつけようとしている。笑いもこれくらい続けば聞く者も大息をついてしまうからである。ところが三河の山村の花祭の演技などでは、これが聟入話の序の口をなしていたのである。[41]早川孝太郎君が蒐集した大きな記録の中には、これが「おきな」の語りとして綿密に文句を伝えられているのみならず、村々現在の実演でもわずかずつの変形をもってまだ語られている。翁は芝居の三番《さんば》叟《そう》に出て舞うものと同じで、齢も知れないほどの神々しい老人だが、それが出現の始めにおいて、長々と若かりし日の聟入話をすることになっている。いつのころから始まった狂言かは知らぬが、その聟入の途中のでき事として、やはり野猪と山の薯との、莫大な収穫を語っているのである。これが三河の山奥だけでの偶然の取り合わせでなかったことは、ちょうど幸いに奥州の「三人聟」に明白なる証拠があった。またといってもよい機会があるまいから、今少し詳しく後にその話をしてみたい。

昔話の主人公が、若いころは微賤《びせん》であって、予期せざる天縁により美にして賢なる妻を娶り、一躍して富貴円満の長者になるということは、世界のあらゆる民族に行きわたって、いやしくも昔話といえばこれを知らぬ者はないほどの、古い一つの語りごとの型であるが、それが常人の信用をつなぐにはあまりにも古すぎ美しすぎたためか、もしくはまたその不可能があまりにも顕著であったためか、早くから空想の食物になってしまって、一般にどこの国でも誇張の傾向がまず現れているようである。日本はその上に婚姻制度の変遷が加担して、特にいろいろの笑話の分子を、持ってきてこれに取り付け、ぜひとも笑って聞くような話にしてしまおうとした形跡がある。そうでなかったならばあれとこれとは別々に、伝わっていたろうと思う笑話までが、今ではばか聟の尾鰭となっていることは、大岡政談などの智恵話ともよく似ている。グリムの童話集でおなじみの「一殺七頭」、けがの功名の仕立屋の話のごときも、わが国にあるものは皆若干は女房が参加し、見透しの六平、鼻利きの助太郎、いずれも妻に手伝わせてその根拠のない名声を維持している。九州の南部でこれを鎌倉権五郎といっているのは、何か隠れたる由来のあることと思う。昔貧乏な草履作りの親爺の、片目で片足な点だけ権五郎と似ている者が、その名を偽って田舎に下って款待《かんたい》せられる。弓矢をいじくっていると偶然に矢がはずれ、その向こうに盗人がいて当たって死ぬ。荒馬に乗せられると飛んではねて崖下に寝ている野猪を踏み殺す。その目に矢を突き刺して、すまして帰って来て大いにほめられる。毒の入った握り飯を知らずに持って出て、それを敵どもが奪って食って皆死んでしまう。これにもあとから一本ずつ矢を刺して帰ってくる。まずこういったふうにだんだんと手柄を現すので、ここでは女房が毒を入れておいたのが、はからず男の幸せになったように話されているが、東北地方にある話はこれも純然たる聟入話となっている。たとえば長者が三人の聟を集めて、馬に乗って鹿狩に出かけると、二人の姉聟は騎馬の上手でさっさと馳せて行き、三番目は跳ねられて「おんかないでや〳〵」とわめいていると、舅は遠くからああ謡《うたい》をうたって行くそうな、達者なものだと大いに感心する。野原には鹿が三匹、どうしたことかたおれていて、馬がそこへ来て足を止めたので、さっそく降りてその鹿に矢を突き刺すと、後から舅殿がやれお手柄とほめたというように話すもあれば、あるいはまた舅に案内せられて倉小屋を見てあるくと、弓と矢が掛かっている。夜中に嫁をせがんでその弓矢を持ってこさせ、あてもなしにそこいらを射てかえって寝ると、翌朝倉の戸前に盗賊が矢を負うて倒れている。誰だ、昨晩のお手柄はと舅が言うので、娘はあれはおら方の人だすといって、皆からほめられ御馳走をせられた。それだけですませばよいのにまた次の朝は、誰だゆうべの仕事はと身がいうのを、よく見もせずにそれも俺の手柄手柄と名乗ったら、何者かが炉の中へ汚いものを垂れていたので、とんでもないことだとなった、大事のおかたを取り返したという結末のものもある。この二つは『紫波郡昔話』という集に出ているが、二つとも東北ではかなりよく分布して、土地ごとに若干の変化を見せている。

六

この昔話の最も普通の形かと思われるものを、前に『昔話研究』二巻一一号にも二つほど出しておいたが、これと大同小異のものが奥羽各地、信州あたりでも採集せられているから、知っている人はまだ多いことと思う。陸前桃生《もむのお》郡の例が手近にあったから、できるだけ要約してあら筋を述べておくと、三人の娘を縁につけた町の聟と里の聟と山の聟との三人が、いずれも夫婦づれでお舅礼に来て泊る。二人の聟の贈り物は美々しいが、山の聟だけは手ぶらであった。夜中に小便に起きて弓が掛けてあるのを見つけ、あてもなしに矢をひゅうと放すと、翌朝は前の苗代田に鶴が二羽落ちていた。けさの大勝負はどなたと舅が呼ばわると、おら家だべと山の聟の嫁がいう。それから御馳走が出てさんざんに食い、夜中に便所はどこだと騒ぎまわるのを、あした早く私が片づけるからそこらに垂れられえと嫁がいったとあって、いつでも汚い話がこれについているのは、誰も笑えるようにという座頭などの細工であろう。これも朝起の舅が見つけて、けさの大勝負はどなたとどなると、町と里との聟は寝床の中から、大急ぎでわしでがす、わしでがす。これでは半分以上も他の二人のほうがばか聟である。あるいは村によっては山の聟が愚かなので、嫁が夜中にそっと起きて、前の田に下りている雁に一心に石をぶっつけ、それを捕って来て門口に下げておいてというところもあるが、これが八戸地方のように、次の晩にも闇雲に矢を射ておくと、馬盗人がそれに当たって厩の口にたおれていたというような、途法もないけがの功名が重なっていく話となると、嫁の援助ということは用がないから引っ込んでしまうのである。紫波郡の一話では、三人聟が秋餅に招かれてくる。上の娘の聟は貧乏でみやげ物がないので、鉄砲をかついで途中で二羽の鴨を打った。その一羽が傷を負うて橋杭の間に挟まったので、股引をぬいで入っていってつかまえると、橋杭かと思ったのは太い山の芋で十七本もある。それもついでに皆抜き取って上がってみると股引がない。風に吹き飛ばされて水の中に落ちているから、それを引き揚げてみたところが雑魚《ざこ》が一ぱい入っている。舅の家では大きな聟がおそいので、どうしたことかと嫁が心配しているとやがて入って来て、かか様台を一つ拝借と、獲物をずらりと並べる光景が爽快に叙述せられる。うちには二つしか台がないからと、今度は膳を貸すと太い十七本の山薯をその上に載せてさし出し、二人の妹聟はまじまじとそれを眺めているともあり、おまけにその晩は月がよいので、前の林に行って雉子《きじ》を三羽、打って来て戸の柱にそっと掛けておくといい、結末だけは前の分と同じく、この聟貧乏なばかりでいっこうにばかではないのである。雉子という条は信州の山家聟の話にもある。思うに狩の手なみのすぐれているということが、娘にもその親にも注意せられる時代または地方があって、話はこの方向に展開し、末には「間の好い猟師」のような大話とも結合することになったのであろうが、本来は三人ある聟の中でただ一人、鈍で頓狂で女房より他には、誰も重きをおく者のなかった男が、実はたいへんなえら物であったという点を、強調しようとした昔話に違いない。そうしてその形の説話ならば、また広く全世界に分布しているのである。同じ三人兄弟の話の中でも、親の病気に霊薬を求めるために、一人ずつ深山の奥へ入っていくが、上の兄二人は短慮であり、または不親切であって、魔ものにとらえられて目的を達せず、末の弟だけは勇気があり親切で智恵があって、首尾よく薬を取りかつ兄たちを救ってくるという風に語られるもののほかに、なお一つの最初から若干のおかしみを備えた話もある。親が三人の子供に金をやり、または年月を限って、何かひとかどの功を立てて帰ってこいと言って出すと、二人はまじめに職を習い、または商売を覚えて、意気揚々として帰省したに引きかえて、太郎は出た時の着物を襤褸《ぼろ》にして、一つの欠椀《かけわん》をふところに入れて戻ったといい、または盗みを覚えて来ましたと答えたというのもある。そうして結局は親を感心させ、さすがは太郎は太郎だけのことはあると言わせるのである。私などのおもしろいと思うことは、この三人兄弟の中の優越者を、この話に限って長男としているものが、日本には多いことである。総領は普通に大まかであって、甚六などという異名を付けられながら、いつとなしに権力を得ていく国情が、自然にこうした話し方に写実味を付与するので、これを裏がえしに末の弟がとぼけていたとしたのでは、何となくうつりが悪かったのである。ところが甲賀三郎式の恋愛成功譚、もしくは富の相続の説話になると、多くは三番目の弟が結局は優位を占めることになっているのは、末になるほど常識上の希望は薄く困難は多く、したがって冒険の興味は倍加するからであろうと思う。神代の昔から伝わるものでは、葦原醜男命《あしはらのしこおのみこと》の御物語などがこれに該当する。私などの想像しているのは、話を三人兄弟の鼎《かなえ》の足型にしたのも改良で、今一つ以前には八十の神々、もしくは十二人の同胞というような人々の不成功を、全部気長に並べたてる話術が行われ、これによって最後の一人の幸運を一段と鮮明に、映出しようとしたのではないかと思うが、その実例はもう「はてなし話」にしか伝わっていない。現在普通の構成は三人がきまりで、舞台でもまた絵絹の上でも、あらゆる三つの感動は皆この組み合わせをもとにしていて、相応に根の深い約束となっているようである。

七

笑話は何といっても昔話の零落を意味している。単にその需要が酒のかわきなどと似ておって、底をさらえて糟《かす》を起こすことを厭わしめなかっただけでなく、これをくんで味わう者の種類を限定して、入用をもたぬ者にまで偏した一種の感覚を強い、いろいろの笑い以外の静かな情緒を養うべき機会を失わしめた。女性児童に次いで熱心なる説話の支持者であったのに、これも酒造りの技術と同様に、別に専業の管理人ができると、その選択と分配の役目をそれに委ね去って、ただの傍聴者となってしまった。彼らの思い出しては楽しむような、なごやかなかつ柔らかな昔話は多く消え、一国を通じて民間文芸の外貌は改まってしまったのである。われわれの古い姿を探求する心の陰には、言わず語らずの間にこの前代の女子教育、女が昔は持っていて今は失った何ものかを、知ろうという念慮が潜んでいる。これは世の父・兄・夫として、少しも不自然とはいえない史学に対する期待であると思う。

太郎を愚か者にした三人兄弟の昔話でも、土地によっては三人の嫁の心々、ことに兄嫁の気をもみ情けながる条を、詳しく説こうとするものはまだ多いが、全体に笑いを中心の趣向に取ると、結びを急ぐ場合には嫁や母が省略せられる。しかし話を妻問いの成功に持っていこうとすれば、何としてもこれを脱落しえなかったのである。だから聟入話の半面には、必ずまた三人娘の話が取り囃される。一つのよい例はこの頃よく発見せられる「猿聟入」であるが、猿を谷川に突き落として逃げて帰ったという程に笑話化した語りごとでも、なおキング・リイヤの悲劇を思い合せるようなペソスを伴うのが常例である。上の二人の娘は老翁の悩みも知らず、誰がお猿なんかの嫁になるものかと、襖《ふすま》をばたんと閉めてどたどたと行ってしまう。そこへ末の妹が入ってきて話を聞き、ととさんが言わしゃんすことなら、お猿のところへでも私は行きます。それよりも早く起きてまま食わんせなどといっている。これがただ偶然の思い付きでなかった証拠には、後に姉二人が行かず後家になって、妹の幸せをうらやんだり、世話になったりしたという例も多い。シンドレラは日本では糠子《ぬかこ》米子《こめこ》、あるいは紅皿《べにざら》欠皿《かけざら》という名になっていて、継母《ままはは》の実子を一人だけにしたものが普通だが、これにも姉といい、また二人という話がおりおりあり、それときわめて関係の深いグリムの集などでいう「千枚皮」の婚姻譚には、日本ではたいてい三人の嫁競べの段が付いている。あまり下品な話ばかりした口直しに、終わりにほんの少し、この昔の美しいまぼろしを描いてみよう。

シンドレラの継子は日本でも、竈《かまど》の側で灰によごれて日を送っているが、これには西洋のような灰かつぎという類の名はなく、ただ「姥皮《うばかわ》」という衣裳を身にまとうて、きたない老女にばけて長者の家に働くという時ばかり、これを台所の火焚き婆さんなどと呼んでいる。ところが一方にはこれを男性に置き換えた一話があって、由ある大家の和子《わこ》様が恋のために、または親に憎まれて流寓する際に、姿をやつして長者の家に雇われ、その名を灰坊《はいぼう》太郎ということになっている。灰坊太郎の出世は必ず聟入であった。他の二人の尋常なる姉聟が、一応は舅姑に賞玩せられた後に、出てくる三人目の灰坊太郎が、きっと恥かくと思われた予期に反して、光り耀くような若侍となって身元を名のるところは、くわしく叙述せられるなら日本のローエングリンであったのだが、今では夢のこまやかな娘たちにも、すでにこの話を知っていない者が多い。つまりは近世の口承文芸が、笑いを先途としてこの前を駆けて通ったのである。

三人嫁のほうの話は、「鉢かつぎ」の草子というのがこれを筆録して伝えているが、不幸なことには運搬者が愚痴な歌比丘尼《びくに》の徒であった上に、あまりに趣向を好んで「姥皮」の素朴な古着を、今は見ることもないような木の刳鉢《くりばち》に取り替えたために、手桶バケツの中で育った新しい娘には聞いても胸の上に画を描いてみることができなくなった。しかしこれはまだ類型の比較が可能である。たとえば『[42]筑紫野《つくしの》民譚集』や文部省の『俚《り》謡集《ようしゅう》』に出ている牡丹《ぼたん》長者のかたりものには、うつぼ舟に入れて海に流された京の姫君が、嫁競べの席上で初めて氏素性《うじすじょう》を語る一条がある。奥羽地方に流布している「姥皮」では、夜分にもとの姿になって本を読んでいるところを、長者の三番息子がのぞき見して恋病みをする。いよいよ三人の嫁の器量くらべとなって、あちらは田舎だけに、新しい藁草履をはいて真綿の上を歩かせてみたり、または雀のとまった枝を折らせてみたりする。二人の兄嫁の足は真綿だらけになり、雀はもちろんぱっと立ってしまうのだが、末の女房のみは物静かで、やすやすと真綿を渡り、また雀の枝折りをもってくる。長者の女房となるべき嫁はこれでなくてはということにきまるので、もとより少しでも腹をかかえるような挿話はないのである。

あるいはこの話がまったく童話の形になったものもできている。豊後臼杵《うすき》の例として後藤貞夫君の覚えていたのは、長者の家の末の息子が、風呂焚きの婆に恋いこがれて強いて嫁に取ったまでは、東北の「姥皮」も同じ順序であるが、ある日母親がその三人嫁に向かって問答をする。

総領嫁はどーこの子、　呉服屋の娘。
中嫁はどーこの子、　薬屋の娘。
弟嫁はどーこの子、…………

ときいても、私は知りませんといってなかなか答えなかったが、何べんも尋ねているうちに、しまいに「がっかい長者のおと娘」といったので、なるほど弟息子が嫁にもらうたはずじゃと喜んだとある。この月界長者はすでに「梵天国」の御伽草子にも見えている。初めて命名したのは文人かも知らぬがわれわれはこれを空の国の王様と考えていた。そうして多くの「天人女房」の昔話でも語っているように、その天上聟入が人間の聟入話の、最も幸福なる場合でもあった。これがわずかに百年か二百年の間に、村々では団子聟・蟹のふんどし・風呂の香の物というような、馬鹿話と入れ替わったということは、それこそ雲泥の差といわなければならぬ。しかも時過ぎればそれもまた消え去ってしまうであろう。いつも証拠の絶滅するのを待って、自由に空想を戦わせようとするがごとき古代研究の態度は、痛快かは知らぬが私たちは悲しんでいる。

（昭和十三年五月『文学』）

はてなし話

一

むかしむかし長崎の港に、多くの鼠が住んでいた。ひどい飢饉の年に難儀をして、もしか薩摩へでも行ったら食物が得られようかと、大勢うち揃うて舟に乗り、岬を廻り廻って不知火《しらぬい》の海へ漕ぎ出した。そうするとはるか向こうのほうから、薩摩の国の鼠たちが、これもあんまり世の中が悪いので、長崎へ行けば少しは食う物があるかもしれぬと、一同相談をして舟を漕いでやってきた。長崎の鼠の舟と、薩摩の鼠の舟とが、海のまん中で出会うて、互いに声をかけてどこへ行くのかと尋ねる。そうして詳しく双方の様子を話し合って、それではせっかく渡って行くかいもない。いっそこの海へ入って死んだほうがよいと言って、まず長崎の鼠が一疋、チュウチュウと泣いてドンブリと海に飛び込む。そうすると今度は薩摩の鼠が一疋、チュウチュウと泣いてドンブリと舟から身を投げる。その次には長崎のほうの鼠がまた一つ、チュウチュウと泣きながらドンブリと飛び込む。……

おおよそこんなふうに何十疋でも、小さな聞き手がもうやめてくれと言いだすまで、二箇所の鼠が海に入っていくという昔話が、この不知火湾の岸に沿うた、肥後の上益城《かみましき》の村々にあったそうである。普通にはこれをチュウチュウドンブリと名づけて、いかなる話好きの少年でも、これに辟易《へきえき》せざるはなかったということである。私などの在所の方では、いま一つのやや手軽なものが行われていた。昔ある川のほとりに藪《やぶ》があって、その後に大木の櫟《いちい》の樹があった、という話が始まると子供はもうあきらめて寝てしまうことになっていた。もしふんそれからとでも言おうものなら、そのどんぐりの実が一粒ずつ、落ちてはサハリと笹の枝をすべって、次には石垣の石にカチリと当たり、それから水の中へドブンと沈んで、夜が明けてもまた次の晩になっても、とても落ちつくしそうには思われぬからである。うそ話というものもうれしくはないけれども、それでもまだこのはてなし話ほどは閉口しなかった。能の狂言の「どぶかっちり」なども、すでに座頭の坊のあざむかれる話になっているが、おそらく幼少のころあのどんぐりの落ちる音で、すっぱい思いをした経験をもつ者ばかりに、特にその名前がおかしかったのであろう。今になって考えてみると、児童と成人の文学の、これが一つの堺の垣根であった。われわれが後に成長して一人残らず、こちらへ来てしまって笑うからよいようなものの、聞く者の望みと語る者の下心と、これほど喰い合わない芸術も他の方面には稀であった。われわれは年長者の談話群にまじって、いろいろの物の哀れを学ぶ以前、まずこのような残忍な方法によって、笑いというものの最初の意義を、教えられなければならなかったのである。

しかしそういう中にも九州のチュウドンブリには、まだなつかしい昔人の情味がこもっている。第一に鼠島の物語は、たえず南国の民が口にする、最も有名な年代記の一部であった。凶年には海を越えて無数の鼠が、遠くの島から渡ってきて、木の根草の実を食いつくすという話は、近いころまでの現実の畏怖でさえあった。児童はその歴史の片端を語って聞かされていたのである。その次には両地の鼠が海上に行き逢うて、一度に双方の夢想の空であったことをさとる段、これは浪華《なにわ》の蛙と京の蛙が、天王山の嶺に立って背後を見て、故郷の景色と同じだから、わざわざ見物に行くまでもないと、おのおのもと来た路へ引っ返していったという話になって、今なお「隣の花は赤い」という諺を説明している。村に老い終わらねばならぬ農民の子供らには、この種の教訓譚は古くから入用であったのである。それからいま一つは長崎と薩摩、これがまた近代の富といわゆる異郷情調の、新たなる話の泉の露頭であった。それらの材料をここにおもしろく結び合わせて、単に初めて聞く子の興味を浮き立たせたのみならず、あらかじめ次に来るべき失望を慰め、また忍耐を褒美せんとしていたのは情がある。いたずらに笑いの陥穽《かんせい》に無智なる者をおびき寄せて、その蹉跌《さてつ》を見て楽しもうという悪意からでなかったことは、誰にでも想像ができたのである。

二

それならば全体何の動機、いかなる種類の親切にもとづいて、こういう子供の困るはてなし話は始まったか。この問題が今私たちを考えさせている。昔話は大昔からずっと引き続いて、所望せられてするものにきまっていた。子供が際限もなく話をねだるというのも、実は彼らが話し手にとって、最も大事な信者であり、また最も忠実なる門下生であることを意味したのである。現代おかあ様の志すところは知らず、多くの家庭には別に子供の好奇心にこたえるという以外に、もしこういう熱心な聴衆を得なかったならば、かつて自分たちが目を丸くし、胸をとどろかせて聞いたものを思い出さず、もしくはむなしく携えて次の世界へ、移っていかねばならぬ寂しい人がいたのである。これもよいおりがあったら話しておいたほうがよいと思えばこそ、伝わり広まってわれわれの代まで残ったので、わざわざそのような防禦《ぼうぎょ》法を発明して、いたいけなるかなし児の要求を、撃退する必要などは彼らにはなかったのである。

この意味においてわれわれのはてなし話は、近代の一つの教養様式であったということがいえる。昔話は幼童の発育のために、欠くべからざる一種の栄養ではあったが、それにもなお見分けて与えなければならぬ能毒の差があった。われわれの名づけて昔話の弱点としたものは、同時にまた昔の生活の共通の弱点であったかもしれない。一年にたった一度春の末の風に乗って、遠い島々へ宝物を換えに行き、冬の初風に吹かれながら戻ってくるというような、おおまかな生涯の割り方をしていた人々には、時をセコンドで量って次の仕事を考えておくという心持ちはなかった。一つの昔話もやはり人間の命と同じに、続きうるだけは続こうとしていたのである。しかるに新たなる勤労がわれわれをそれから遠ざからしめるとともに、幼き者もだんだんに学ぶことが多くなって、そういつまでも単調の忌むべきものであることを、さとらずにいることはできなかった。そうして彼らの昔話も、知らぬ間に非常に短くなり、その数ばかり年とともに増加しようとしているのである。

三

神話のもとの形はもちろんこういうものではなかった。神が一つの土地に縁の深いことを説くためには、例えば倭姫命《やまとひめのみこと》のお国巡りのごとく、丹生《にゅう》の姫神の忌杖《いみづえ》刺しの旧辞のように、長い旅語りをくり返す必要があった。甲賀三郎は蓼科《たてしな》山の幽穴に入って、地底の国々を経歴する以前に、まず六十五か国の名山を訪ろうている。それを安居院《あぐい》[43]の『神道《しんとう》集《しゅう》』には、一つも落とさずに述べ立ててあるが、近世の諏訪《すわ》の歌い物には、もう十何か所かに制限してしまったのである。あるいはまた特に恵まれたる一人の幸運、末栄ゆる者の元祖の事蹟をあらわすには、八十人の同胞はそれぞれ何らかの欠点があって、天つ神の神意に添わなかった中に、ひとりただこの主人公のみが、完全であったということを細叙したことと思われるが、記録はエジプトの壁画などのように、単に競争者の数が無数にあったことを説いて、その他は一種の略筆の間に、見る人の想像力を誅求《ちゅうきゅう》することになったのである。金石遺文は上代の保管者であり、また有力なる道しるべではあったが、人が彼らを信頼するようになって、内に具わっていたものがようやくに影薄くなろうとしている。ことに何らの書き伝えられたものもないわれわれの生活には、たとえはてなし話のようなはかない笑い草でも、これによらなければたどりえぬ昔は多いのである。

近代人の中では、童児だけがやや先祖と似た心持ちを抱いていた。成人が神話の破片の中から、自分たちの信じうるもののみを拾い上げて伝説としたに反して、彼らはなお永く物語の外形をめでて、できるだけはもとのままを保存しようとしていた。昔話のムカシという語なども、いわば少年の手によって、その本来の意味を取り伝えていたのである。しかるに話の実質がこれと伴うことを得ず、ついに時代の彩色を深くしてきたのは、まったく親々の善意の干渉からであった。私の今住む村に近い世田ヶ谷の太子堂にもあったように、かつては十二人の悪い女に憎まれて、艱難《かんなん》辛苦をしたという一人の善き女の話は、神子誕生の物語のきわめて普通の形であったと思うのに、十二人はあまりに多いとこれを三人ばかりに削減した例は多い。あるいは八人の兄弟があって末の子のただ一人が、名をあげ富を積んだという類の話があると、それも三人あれば趣意だけは徹底するからといって、現在ある話はたいていは三人になっている。その他桃太郎の桃でもその家来の数でも、話を聞く子供は今なおもっと多いことを望んでいても、それを最少限度に打ち切って、これをもって形を整えたと思っているのみか、さらに進んでは長話のばかげていることを、こんな皮肉な例をもって同感させようとしたのである。

しかし一方にはまたチュウチュウドンブリという類の話が残っているおかげに、昔の昔話がいかなる形であったかということも想像せられる。かつて仏領インドのチャムという山間の村で、新しい生活方法が害をなして、多数の人間が死んだ際に、頭目たちを集めてその計数を調べようとしたが、一人もこれに答えうる者がいなかったという話である。そこで気長に誰と誰とが死んだかを言わせてみると、彼らはことごとくその時と人の名とを記憶していたという。数字によって各個の人の生活を、想像しうるようになったのは、よほどの習熟を積んでから後のことである。自分のほかになお多くの者の、その場に居合わさぬものがあったことを語るためには、一々こうしてその名をあげ、聞く者をしてその姿を胸に描かせる必要があったのである。タヒチの島に生き残る語り女には、今でもわが家の尋常の民ではなかったことを、四十代、五十代の先祖の名の列挙によって、証明しようとする者がある。創世記の最初のページは、いずれの民族でも系図であり、またその混同を防ぐための、わずかずつの大事件の挿入であった。かくして日を数える術は漸次に暦の事業を拡大させた。歴代が今あるような形をとらなければならなかったのもその結果である。ヨムという動詞はわれわれが文字の恩恵を、学び知るよりも以前からあった。それが書を読む以外に数取りを意味し、また暗誦を意味するのも由緒《ゆいしょ》のあることである。短かな時間でその仕事を片づけることのできなくなったのは、国なり家なりのもっている過去が、いたって幸福なものであった結果にほかならぬ。しかもわれわれはもうその負荷に堪えなくなって、わずかに最も大事な片端だけを留めて、他の大部分を省略するために、はてなし話のごときこんな人の悪い方法までを用いたのである。

昔話はこの意味において、つとに零落の淵に臨んでいた。ことに近年の蒐集者は、消え去るものの後影を追わんとする熱情から、往々にして援助をこの批評力の大なる壮年の村人に求めたゆえに、単に話を愛する小さき者の心持ちから遠ざかるのみならず、実際これを語ろうとする老人の計画よりも、さらにいま一段と要約したものを、数のみいたずらに多く採録しようとしているのである。町に住む人の俳諧式機智は、これをなお変化させまた非凡にしなければ承知しなかった。それには今日の語でいう小説家、昔の「咄《はなし》の衆」という者の生活もまた考えてみねばならぬ。一千一夜の永い宵を重ねて、話の種を常に新しく、気のきいたものにしようとすれば、自然に磁石《じしやく》の鉄をひくごとく、はるかなる国のものが呼び集められる。日本でも法談の聖《ひじり》などが、特にその話を数多くすることに苦辛をしたかと思われるが、農民の家ではそれがただ庚申《こうしん》[44]の一夜であり、それも野の仕事の忙しいころには、とても六十日に一度は回ってこなかった。近世の俳諧と対立して、文芸の最も野暮《やぼ》なるものと認められたのは、盆の踊りの口説《くど》きであり、または芝居の道行きであろうが、あれなどは実は一年にただ一度、しかも念入りにいささかの誤解もなく、古い伝えを立ち合いの人の胸に、深く彫り込ませる事業だから、こんな簡単なる一つの目的のためにも、われわれはなおその夜の暁となることを悲しんだのであった。神が青雲の遠きかなたより、はるかに訪い寄ることを描き出そうとすれば、同じ調子の笛の音は際限もなく吹き続けられねばならぬ。一族がこの世の中のいずれの家よりも恵まれていることは、「くどき」というほどのくどい方法をもって、これを叙説するのほかはなかったのである。がそれさえも後は祭の日と縁を切って、名ばかり昔のままで実際は変化を求めようとしていた。だからわれわれのはてなし話が、嘲られ笑われつつも今まで残っていたのは、まだ偶然の幸いであるといってよいのである。

（昭和四年十二月『遊牧記』）

放送二題

一　鳥言葉の昔話

一

日本の昔話は、もうよほど前から衰頽期に入っております。桃太郎とか猿蟹《さるかに》とかカチカチ山とかいう、子供のよく知っている五つ六つの改良した童話と、ごく短い愚か聟などの笑い話の若干を除けば、田舎に行きましても、昔話を教えてくれる年寄が少なくなりました。三十そこそこの女の人などで、いくつでも話を覚えているというのは、まず非凡の部にわれわれは数えております。ところがこのごろになってようようわかってきたことは、こんな流行おくれの前代の遺り物が、不思議にも世界の諸民族の持っている民間説話と、非常によく似通うているのであります。たとえばグリムの『家庭児童説話集』だけで見ましても、粟袋米袋《あわぶくこめぶく》、すなわち普通シンドレラの名で知られている継子話とか、手なし娘とか、猫と鼠とか、藁と豆と炭火の話とかの、九分通りまで同じものが十いくつもあり、一部分だけ似ているというのを加えると五十以上、あるいは六十を越えるとさえいっておる人があります。世界といっても、多いのはインドから西ヨーロッパの諸国が主でありますが、これはこの区域が昔話の最も細かく調査せられている土地であるためで、その以外の土地でも、新たに採集した本が出ますと、必ずその中には若干の類例が現れます。人種が同じだから、またはもと一ところに住んでいたからというわけでは決してありません。時の順序から申しますと、インドにあるものが最も古く、また証拠もいろいろと残っていますが、それはこの国に早く文化が栄え、書いたものが多く伝わったというのみで、他にも根元があったということを、あらかじめ想定する理由にならぬのであります。ただこういう互いによく似通うた昔話が、偶然に無関係に生まれたということは、想像しがたいだけであります。

二

つまりこの驚くべき昔話の世界的一致は、まだ片端だけしか原因が明らかになっておらぬのです。そうしてこれがまたわれわれの学問の、大きな刺戟とも希望ともなっているので、世の中にはまだまだこれから、学んでさとりうることが多いという、心強い証拠が提供せられているわけであります。その一つの実例として、鳥言葉という昔話について、私の知っただけをお話してみましょう。この問題では、世界の最も有名な学者が三人まで、すでにその研究を発表しております。一人はドイツの碩学《せきがく》[45]テオドル・ベンファイで、今から七十何年も前に、「動物言葉の昔話」という題で書き、次にそれから二十五年ほど後に、イギリス第一流の学者サー・ジエムス・フレエザア[46]が、これもラングエジ・オブ・アニマルス、すなわち動物の言葉という題で一文を公にしました。第三には、フィンランドの大学教授アンティ・アァルネ[47]、この人は説話研究界の恩人として、全世界の学徒から尊敬せられている学者ですが、これは千九百十四年すなわち世界大戦勃発の年に、「動物の言葉の解る男と聴きたがる女房」という長い題で、やはり同じ説話の蒐集比較をいたしました。ちょうど二十五年ほどずつ間を置いて、三人が三度に同じ問題を論じたのでありますが、大体に三人とも、これがインド[48]に生まれてだんだんと西のほうへ、流布したのだということに一致しておりまして、インドから東、すなわち極東諸国のことはまだ眼中に置いておりません。調べてみようにもまだそのころは材料が、いたって乏しかったからであります。

三

それでごく荒っぽく、この昔話の筋を述べてみますが、これには大人向きと子供向きと申しましょうか、趣向のやや複雑なのと単純なのと、二通りの型があるようで、日本には前の複雑型のほうはまるで見つかりません。ヨーロッパでは北はフィンランドから、南はイタリアの西海岸に引いた線から東、アフリカは地中海岸からモザンビクまでの東半分、それからアジアの西半分という、かなり広大な区域にわたって、二千年近くも前から今日まで、行われている話のほうが複雑型でありました。アァルネ教授の論文の題が語るように、これには女房とのやや珍妙な交渉が付いています。昔々ある男が蛇の親方のために善いことをしてやって、お礼に鳥獣の言うことがわかる力、もしくはその力を生ずる宝物をもらってきます。たった一つの条件はその話を他人にしてはならぬこと、あるいはその秘密を伝えてはならぬことで、その条件にそむけば立ちどころに命を失うことになっております。それがある時女房と二人いるところで、ふと動物の話をするのを聞いて、思わず知らず笑い出しました。つまり笑ってはならぬ禁戒を犯すという趣向が中心になっているので、この笑わせられる原因は、説話者の技倆次第に、いくらでも変化させてあるのです。女房は夫の笑うのを聞いて、何がおかしいのかをどこまでも知ろうとする。これをいうと命がなくなるのだからこらえてくれと言ってもまだ聞きたがります。よくよく女房孝行な男で、それじゃいたし方がない。語って死のうと思って葬式の支度をしています。ここにもいろいろと話の巧者が入っていますが、『アラビヤンナイト』などでは、その日家の中庭に犬と鶏がいまして、犬は主人の死を知って憂鬱であり、雄鶏はふざけまわっています。旦那の死なれるのが悲しくはないのかと、犬が小言をいうと鶏が、何のあんなばかな人はどうだっていい。おれはこの通り五十人もの女房をもって、まだ一ぺんもぐずぐず言わせたことがない。うちの旦那はたった一人の女房にわがままを言わせて、死んでしまおうというのだからばかだと答える。それをこの男は聞いていてはっと思い、さっそく女房をしかりとばすとか打つとか追い出すとかして、死なずにすんで一期《いちご》栄えたというのでありま す。

これと大体に同じ話がラマーヤナ[49]にあり、またマハバーラタ[50]にも確かな痕跡があるといわれ、その他私などの名も聞かなかったいくつかの古書にも出ているそうで、『アラビヤンナイト』のごときはそのまた翻案でありました。安南にも蒙古にもこの話は伝わっており、西はシリヤ・アルメニヤ・現代ギリシャ・スラブ諸族、フィンランドだけでも六十二話採集せられ、アフリカ大陸にもいくつかの例があって、不思議に西部ヨーロッパと日本とには、まだ一つも採集せられていないのであります。

四

日本にある鳥言葉の昔話は、私の集めた『日本昔話集』に、「聴耳頭巾《ききみみずきん》」という名で出ているのがその一例であります。これは岩手県の猿ヶ石川流域で採集せられましたが、これと半分似通うた聴耳笠の話は、他の一方の国の端、鹿児島県下の喜界島《きかいじま》にも伝わっており、またその隣の奄美《あまみ》大島にも、やや完全に近い形で一つ残っているのです。東北のほうの聴耳頭巾は、被ると鳥の言葉がすっかりわかる赤い頭巾でありました。ある一人の貧乏で信心深いじじい様が、氏神のお稲荷《いなり》様から頂戴したことになっておりますが、またこの近傍には今一つ、狐を助けた恩返しに、狐の親からもらって来た聴耳草紙という宝物を耳に当てますと、鳥獣虫の声がすべて人間の言葉に聞えるという話もありまして、双方ともにそれを聞いて、長者の一人娘の大病の原因を知り、すぐに直してやってたくさんの御礼を受け、幸せがよくなるという点は一つであります。一方南の端の奄美大島の話は、発端が浦島太郎とよく似ております。竜宮のお姫様がきれいな鯛になって遊んでいて、大きな魚にいじめられているところへ、ある一人の男が行き合わせて助けます。そうすると竜宮からのお使の女が迎えにきました。南の島々では竜宮すなわち海の底の都のことを、ネリヤまたはニルヤといっております。そのネリヤへ連れて行かれる途中で、使の女が教えてくれますには、あちらへ行けばネリヤの神様が、きっとお礼には何を上げようかと問われるに相違ない。その時は金銀などと言わないで、キキミミという物を下さいと言うようにと教えてくれました。そうしてそれを持って帰ると、鳥の言葉が皆わかるのであります。それで雀のいうことを聞いていて、川の飛石が皆黄金だったことを知り、それを持って来て大金持になります。その次はまた鳥の言葉から、殿様の最愛の姫君の大病が蛇の祟《たた》りであることを知って、さっそくそれを直してあげて姫のお聟様に立身するのです。喜界島の方では聴耳笠をかぶると、樹の上で烏が二羽、話をしているのがよくわかり、それで親の病気の元を知って直したというのですが、この南北四つの昔話は元来同じ話だったように思われます。

五

このキキミミという宝物の話は、岐阜県の益田川《ましだ》のほとりにも、以前伝説の形で行われておりました。これはある旧家の酒屋に永く伝わっていた箱で、これを耳に当てると地の底の話が聞えるなどといいましたが、やはり昔その家の小僧が、この川の淵から竜宮に行って、いただいてきたものと申しましたから、亀の恩返しというような昔話があったらしいのであります。それとよく似た宝物の話はまだ他にもあります。信州の飯田《いいだ》付近ではこれをリウセンガン、越前の三国《みくに》地方ではリウガンセイといっているのは、どちらかが誤りでありまして、しかも話は双方よく似ております。越前のほうではこれが浦島太郎の話となっております。亀の命を助けて美しいお姫様に迎えられ、竜宮に行くまでは普通の通りで、帰りにこの宝物をもらってくるのであります。その宝物を耳に当てると、烏が二羽で話をしています。浦島という男は八百年目に帰ってきた。今ごろ帰っても家もないのにと一羽がいい、他の一方は王様の御病気のもとは、屋根の下で蛇と蛞蝓《なめくじ》が一処に取り籠められて、喧嘩をしているからだと秘密を語るのです。それから後はまた普通の浦島話に戻っているのですが、この大病の原因とよく似た話は、他にもほうぼうの鳥言葉の昔話に付随しております。それからいま一つの信州のほうのリウセンガンでも、やはり亀を助けて竜宮から、お礼にいただいてくるのですが、このほうは安倍《あべ》の童子丸《どうじまる》、すなわち狐を母にして生まれた児の話となっております。この宝物を耳に当てて聞くと、「童子京へ行け出世ができる、早うカアカア」といって鳥が教えてくれます。それで京に出て、「たちまちわが災難を知らぬ者こそふびんなれ」と、大きな声でふれてあるいたと申しております。私などの生まれました上方《かみがた》地方では、どこも一様に安倍の童子丸が、鳥の言葉を知って占いをしたという話になっておるようであります。大阪府の南部の紀州に近い山村でも、童子丸は八掛見《はっけみ》にばけて、「さるべく災難、知らぬものこそふびんなれ」と、ふれてあるいたことになっております。そうしてこれには亀を助けて宝物をもらった条はなく、母の狐の魂が入った仕込杖だなどといいますが、それでも和泉《いずみ》の鳥と熊野の鳥と、行き逢って世間話をしている言葉を聞いて、殿様の病気の原因が、蛇と蛙と蛞蝓と三種の虫が、床の下に埋めてあるためだということを知るのですから、すなわち越前の浦島太郎と、一つの話の変化であることが明らかなのであります。

六

つまりこの安倍の童子丸の物語は、国内に流行していたのであります。これを語ってあるく職業の者が広く旅行をして、だんだんに物語の新趣向を補充するうちに、その材料の一つに鳥言葉の昔話も使われたのであります。東北は岩手・青森の二県にも、安倍の保名《やすな》と狐の子ドンジ丸の話が行われております。その子の成長していく段までは、いわゆる信《しの》太妻《だづま》の物語の通りですが、やはり亀の命を助けて、竜宮に行って薬をもらい、また鳥の声を聞き分けて貴人の奥方の病気のもとを知ることになっております。すなわち日本ではこういう二つの説話が、結合してからもだいぶ広く流布しているのですが、しかもそのために古くからの話の要点は、まるまる消え去ってもおらぬのであります。私どもが驚いておりますことは、二千年も昔にインドに起こり、そこから隣大陸の南北のはしばしまでも分布した一つの昔話があるにもかかわらず、それとはまた別の鳥言葉の話が日本にもこれほど行われ、さらに他の一方ではヨーロッパの西半分にもあって、その二つの遠く離れたものが、かえって互いによく似通うていることであります。これはグリム兄弟の昔話集には、「三つの言葉」という題になっていますが、通例は、「ローマ法皇になった子供の話」として知られていました。昔父親が子供を修業に出す。一年して帰ってきて、何を勉強したかと問うと、犬の言葉を覚えてきましたと答えます。怒ってまた出してやると次の年は鳥の言葉、また次の年は蛙の言葉を覚えてきたといって帰ってきました。あまり腹が立つので下人《げにん》に命じ、森の中へつれて行って殺させる。下人が殺すに忍びないでそっと逃がし、それから難儀をして諸国を流浪するという条は、他の話に付いて日本にもあります。この旅行の間に鳥の言葉を理解して、金持の娘の難病を治したり、または黄金を発見したりしてだんだんと出世し、しまいに親に悪かったと言わせるのであります。あるいは魚を助け小蛇の命を救って、鳥の声を聞き分ける術を授けてもらったという形もあります。あるいはその子が親とともに食事をしていて、小鳥の声を聞いて微笑するので、あれは何と啼いているかわかるかと父が尋ねます。わかるけれどもそれを言うと貴方がきっと怒るから言いません。いや何でもいいから言ってみよ。そんなら言いますが、あれは今に私が偉くなって、足をお父様に洗わせ、お母様にタオルでふかせるようになると鳴いているのですと言うと、はたして大立腹でたちまち息子は家を追い出され、流浪の旅に上るというのは、これも日本で夢見小僧などという話、よい夢見たよい夢見たと喜んで飛びあるき、それを話せといっても話さぬので追い出され、後にその夢の通りに立身出世したという話と、同一系統に属しますが、しかも一方にひとりで笑ったという点は、前のインド以来の「知りたがる女房」の話へ、一筋の脈絡があるようであります。

七

この二つの鳥言葉の昔話を比べてみますのに、同じく笑ったために後が面倒になったという中でも、女房に責められて命を捨てる覚悟をしたというほうが、二段も三段もこみいっており、人の作為が多く加わっていることは誰にもわかります。ただこのほうは二千年の古い記録があり、ドイツのテオドル・ベンファイはもちろん、その他の人も説話の本家はまずインドときめておりますために、それよりもはるかに自然でかつ子供らしい他の一方を、後から変化してこうなっているように考えるのですが、それは無理な想像のように思われます。書いたものの証拠はかりに一つもなくとも、話はもともと無筆な人々の間に伝わるのが普通ですから、それは何でもありません。つまりその古記録のできたよりもさらに前から、今ある安倍の童子丸式昔話が、すでに世界のどこかにあって、それがわが国と西洋の三、四の国に、残り伝わっていたのであります。笑ってはならぬ、笑って損をしたという昔話はこの他にもまだいろいろありまして、それにはどうして笑わずにはおられなかったかという一つの点に、いろいろの新趣向をさしかえて用いているのです。かの「知りたがる女房」の昔話などは、単にその趣向のあるものが、偶然なる事情から、大当たりに当たった例にすぎぬかと私は思っております。

動物の言葉を理解する男が、どういう話を笑ったかという点は、世界の到るところでつぎつぎに変化していますが、その中の有名なるエピソードが、二つはまたたしかに日本などにもあります。たとえば牛と驢馬《ろば》との働く働かぬ問答、これは大津の車牛の話ともなり、または土手の陰から角だけ見えていて、話を立ち聞きせられたのを残念に思って、今でも牛が角をもって土手を突くという昔話などもその痕跡であります。いま一つは牝馬《めうま》が、前の牡馬《おうま》にもう少しおそくあるいて下さい。または奥様も私もおなかに子があるからこちらは四人づれだといった話、これなども奥州のいわゆるドンジ丸には、仔馬が母のあとからついてきて、乳が呑みたいといったというふうに、しばしばボサマたちによって語られています。鳥獣の言葉をよく聞き分けたという実例を並べようとすれば、自然にこういう挿話ができてくるのでしょうが、亭主がそれを聞いていて思わず笑いをもらしたのを、女房が気をまわして、何でもそのわけをいえとせがんで、非常に困らせたというにいたっては、また一つの新しい趣向であります。そこの点だけがアジアの東の端と、ヨーロッパの西部諸国とにはまだ普及しなかったのであります。聞いてその部分を捨てまたは忘れたのではあるまいと私は思っております。だから昔話の根原の研究は、われわれ日本人の参加によって、これからまたおおいに進むことと思います。

（昭和十二年六月十四日夕）

二　初夢と昔話

一

この正月二日の晩に、東京の町では今なお「おたから、おたから」と、宝船の版画を売りにくる声が少しは聞えます。あれを蒲団の下に敷いて寝て、好い夢を見るようにというわけであります。その宝船の絵には、七福神が数々の宝物を満載して、順風に帆を揚げて海を渡るところが描かれております。そうして、

ながき夜のとおのりふねの皆めさめ浪乗りふねのおとのよきかな

という、賛の歌が書いてあるのが有名になっております。上から読んでも下から読んでも、文字が同じという点は珍しいけれども、その代わりには意味がさっぱりわからず、まして やこの紙を敷いて寝れば、好い夢が見られるという、説明にはちっともなっておりません。

全体いつのころから、こんな風習は始まったろうか、ということがまず問題になります。格別古いことでもなさそうであります。室町時代の京都では、初夢を見るのは節分の晩でありました。やはり船の絵を敷いて寝たといいますが、その船はからっぽであって、時によってはその絵の上に、「獏」という文字を書いておく例もありました。獏《ばく》は夢を食べてしまうという伝説の獣であります。それゆえに本来はこの空の舟も、悪い夢を見たときに流してしまうための用意であったろうと、『嬉遊笑覧《きゆうしょうらん》』51の著者などは申しております。おかしいことには近世の宝船にも、狛犬《こまいぬ》のような獣が二匹、ちゃんと七福神や宝物と同船しているものがおりおりあります。それがどうもこの夢を食う役目の獏だったらしいのであります。

二

私などの小さいころにも、年寄は正月の初夢が悪いと、翌朝は急いで宝船の絵を川へ流し、また何でもない夢であっても、この絵紙を捨ててしまいました。そうして好い夢を見たときだけ、年月日などを記入して保存しておいたものであります。正月早々に悪い夢などを見ると気になるところから、前もってこれに備えるのを主としたようであります。それほどにも新年は無事を理想としていたのでありますが、後には進んで積極的に、この宝船の絵によって、何かめでたい夢を迎えようとするようになったのであります。

「一富士二鷹《たか》三茄子《なすび》」ということを聞きますが、めったにそういう夢を見たという人はありません。全体に好いとも悪いとも言えない雑然たる夢ばかりが多いのです。その中でもやや気になるというのは、起きているとき見ても不愉快なことを夢で見た場合で、それを「夢だ」といってただ忘れてしまう人と、どうしたわけだろうと考えこむ人とありますが、以前はこの第二の種類のほうの人が、今よりも多かったらしいのであります。

それからまた、どうも不思議な夢だというのがあります。三晩つづけて一つ夢を見たとか、母も妻も同じ夢を見たなどということがありまして、そういう時にもやはり気にかけました。近世の小説はよくこれを趣向にしておりますが、それは夢判断の的中したものだけが、珍しい話として伝えられるので、その他にまだこれの何十倍、何百倍のものが、いたってあやふやでわれわれを迷わせていたのであります。古人はこの不安を処理する手段として、いろいろの方法を採用いたしました。その中でも最も旧くからあったのが夢合わせ、つまり一種の解釈学です。これは多くの解釈学のごとくほぼ職業化していたようであります。「夢は合せがら」などという諺さえあって、悪い夢でも上手に合わせると幸福な結果を導き、その代わり好い夢も悪く合わせて災を招いたという昔話が、いくらも世に伝わっております。

第二の方法としては夢ちがえ。これも言葉によって悪い夢をよく取りなしたものと思われ、「夢は逆夢《さかゆめ》」という慰めの言葉などが今でもありますが、その他に別に夢ちがえの式もあり、また呪文ももとはありました。あるいはまた気になる夢を見ると、改めて祈禱や占いを頼むこともあります。たとえば信州の一部で、蛇の夢を見ると神詣でをするがよいというなどがそれであり、また牛の夢を見ると先祖の墓を供養しなければならぬという土地もありますが、そのような手数をかけずにもし悪い夢だと思ったら、「獏食え獏食え」と唱えたり、またはこの舟の絵を川に流すというような方法もあったのであります。しかしこれにはあらかじめどんな夢が好いのか、どんなのが悪いのかを知っておらねばなりません。ところがこの社会生活の複雑化につれて、人間は勝手に新しい夢を見るので、今まであったわずかな言い伝えだけでは、すべての夢の好い悪いを決することができないのです。それに困るならばもう少し、自分たちの経歴を考えてみればよいのに、こんな点でも日本人は、なお外国の書物から学ぼうとしていたのであります。

三

今から五、六年前に、セリグマンという英国の有名な学者がやって来まして、日本人はいったいどんな夢を見ているか、研究したいから参考書を捜してくれといいます。それで私はほうぼうの本屋に頼んで、夢判断に関する書物をいろいろと買い集めてみたのですが、驚いたことにはそのほとんど全部が、支那の夢占いの本の翻訳でありました。夢ばかりはまさか人まねをしてみるというわけにはいかない。したがってよその民族の学説が、かりにどのように精密であろうとも、そのまま受け売りはできぬはずでありますが、昔も今も本でも著述しようという者は、いつもこのような楽な仕事ばかりしたがるのであります。もしも日本人が春立ちかえるごとに、今後もなお大いに夢見ようという国民であるならば、まずもって自分たちの、これまでの経験を再認識しなければなりません。それは各人の今でもまだ持っているものであって、気づかず比べてもみなかったばかりに、ないも同然の姿で今は埋もれているのであります。外国人の研究がほんとうに役に立つのは、もう少し自分のことを知ってから後の話であります。

四

夢にいく通りかの種類のあることは、早く支那人なども説いておりますが、われわれの祖先はそれとは別に、やはりこのことを認めていたようであります。まず最も多いのは雑夢ともいうべきいわゆる取り止めのないもの、「夢のようだ」などといわれる夢でありますが、それ以外に奇夢などと隣国人の呼んでいるもの、すなわち何らの待設けもないのに、ありありと思いがけぬ事実を夢み、またそれを記憶している場合があります。これを何事かの暗示と考え、気にかけまたは解を求めるのは自然であります。夢合わせの必要はこういう時に起こり、「夢は逆夢」という諺なども、こんな時に多く用いられました。よくわれわれが耳にしますのは、物を食べる夢は風を引く前兆とか、斬られた夢を見るのは金が身に入るのだからよいとかいうので、これらはもう今日となっては解釈の値うちよりも、かつて日本人がよくそういう夢を見ていたという、史料としてばかり有用なのであります。あるいはまた嫁に行く夢を見ると死ぬといい、鯉を捕る夢は親しい者に死に別れるなどという類の、いろいろの言い伝えが地方にはありまして、捜しているとなかなか珍しい例に行き当たります。これらの夢解きは舶来でないだけに、深く考えたら何か隠れたる理由があり、少なくとも国民の心理の研究に、ある暗示を与えるものがあると、私たちは思っております。もちろんその夢解きを信ずるというのでありません。

それ以外にもう一つ、日本に昔から多かった夢は、かの逆夢に対して正夢と名づくべきもの、いわゆるマボロシすなわち起きていて見たり聞いたりする不思議と最も近い夢であります。この夢を見る方法が後世失われてしまいまして、単に夢合わせの的中した奇夢をも、マサユメと呼んでいた例がありますが、それは名称の拡張であって、古くはわれわれの祖先は、求めてこの正夢だけを見ようとしました。それが日本人の夢占《ゆめうら》というものであります。何か一生の大事で心に決しがたい問題のある場合、一念を籠めて夢を待つのであります。通例は神仏の前に出て夢の告を願うのでありますが、恵《え》心僧都《しんそうず》というような信心深い人たちは、かえって坐ながらにして貴い夢を見ております。しかもそれは仏教の産物ではなかったので、今でも田舎ではこの夢さとしをする神を、枕神と名づけて仏法の外に置いております。神が枕がみに立つということは、すなわちこの思い寝の恍惚境において、神秘なる啓示を受けることであります。しかもその夢は必ずよい夢ときまっておりました。たとえば戦をしようかすまいかという時に、してはならぬという霊夢の告を受けたとしましても、そのほうが利益でありまた正しいのだと解しますから、やはりよい夢であったので、これだけは決して逆夢とは考えませんでした。この新しい時代になっても、こういう正夢はなお大いに必要であります。すなわち常日ごろから崇め信ずる力にたよって、今抱いている自分たちの空想の当たれりや否やを決することは、今後も形をかえてわれわれ日本人の、特殊の技能となって続かなければなりません。ただ近ごろの初夢のように、それを七福神と金銀財宝の宝船にばかり、求めようとするのは感心せぬというだけであります。

五

理窟ばった話はこれくらいにして、終わりに少しばかり昔話を付け加えておきます。昔話の正夢もやはりたいていは皆長者になった夢ばかりであります。これは見る人が凡人なのだから、何ともいたし方のない次第であります。夢の昔話でことに世界的なのは、日本で「夢見小僧」と呼んでいる話であります。ある小僧が正月早々に、よい夢見たよい夢見たとうれしがって跳ねまわっていますと、それを主人とか親とかが話して聞かせろといいます。いやだといって一人で喜んでいたので、怒られて追い出されてしまうのです。それから難儀をして方々を経廻っているうちに、だんだん運が向いて来てついにはその夢の通りに、すばらしい万福長者となって故郷に帰り、私の見たよい夢はこれでしたという話。これなどはわが国だけでなく、少し形をかえてヨーロッパにもあるそうです。今でもよい夢を見たら人に話してはならぬと考えている者がありますが、あるいはこの昔話と、起りが一つではないかと思います。

その次にこれはまだ日本以外の民族に、あるかどうかを知りませんが、奥州南部の田山のダンブリ長者の話があります。ダンブリはすなわちトンボ、蜻蛉の導きで長者になったという話であります。昔貧乏な正直者が山畑を開きに行って、くたびれて少し昼寝をしていると、蜻蛉が一疋、この男の口にとまっては向こうの山の陰に行き、何度となく往復しました。傍で見ていた女房が男をゆり起こすと、わしは今珍しい夢を見ていた。向こうの山の陰に行ってみるときれいな清水が涌いていて、それを飲んでみたらよい酒であった。今でも口の中が甘いというので、不思議に思って夫婦でそこに行くと、はたして泉があってその水は美酒でありました。それを売って大金持になったともいえば、またその泉のまわりは残らず黄金であったともいいます。つまり女房の目にダンブリと見えたのは、寝ていた長者のたましいであったというのであります。

それと半分以上も似た夢の話は、これも二人づれの旅人が、松並木の陰かなんかで休息し、その一人が睡ってしまったので見ていると、鼻の穴から蜂が一疋飛び出して、遠くへ行ってはまた帰ってきて鼻に入る。それを不思議に思って起こして聞くと、やはり金銀のあまたあるところに、行ってきた夢を見ていたといって、詳しくその場所を話します。そこでたわむれに托してわずかな銭でその夢を買い取り、夢を見なかったほうの男が、後でそっと行ってその財宝を掘り起こし、非常な大金持になったというのであります。九州のほうではこれを日向《ひゅうが》の外録《とろく》の金山を開いた、三弥大尽《さんやだいじん》という人の出世譚として伝えておりますが、越後国では間瀬《ませ》村の仁助という長者の話だといい、夢の蜂はすなわち四十九里の浪の上を渡って、佐渡の榎木谷の正光寺の庭で、黄金の壺を捜しあてたことになっております。伊勢の大金持の東壺屋・西壺屋の由来という昔話は、山梨県の富士山麓などに行われておりました。これも二人の旅人ですが、夢を買い取ったという部分だけはありません。

ただ一方が昼寝をして、その鼻の穴から小さな蜂が飛び出し飛び返ったのを、他の一方の男が見ていたというだけです。それで睡ったほうの男は夢をたよりに、黄金の壺を一つ掘り出して大金持になります。そこへ以前の道づれ男が訪ねてきて、所望してその壺を見せてもらい、何心なく壺の底を上に向けたところが、そこに「都合七つ」と書いてある文字を発見します。そうして二人でまた出かけて行って、二人ともたいへんな万々長者になったというのであります。

六

夢を買い取った者が、夢を見た者の福分を横取りしたという話は、すでに『宇治拾遺物語』にも吉備真備《きびのまきび》の逸事というのがあります。それよりも有名なのは『日本外史』にも出ている鎌倉の尼将軍政子が、まだ娘のころに妹の夢を買ったという話がありますが、これなどは朝鮮の『東国輿地勝覧《とうごくよちしょうらん》』にもそっくりそのままのものがありまして、どうも日本固有の形だったと思われません。たぶんは南部のダンブリ長者や、伊勢の東西壺屋のような話がもとからあったところへ、後に夢を買う話が入ってきて、筋が似ているからつながってしまったものかと思います。

日本の多くの昔話では、こんなよい夢を見るほどの人間は、生まれ落ちるときから定まっておりました。夢を売ったぐらいではその福運は他へは移らないのであります。信州北安曇郡《あずみ》の小谷《おだり》で言い伝えていますのは、越後の能生《のう》の岡本という家の先祖が、正月二日の夜の初夢に、青木湖畔の山の陰に黄金が埋まっているという夢を、三年も続けて見たといいます。家来がその話を聞いてそっと行って掘ってみると、はたして黄金は出ましたが、それが青い光になって飛んでしまい、帰ってみれば主人の家は、座敷も勝手も埋まるばかりの金また金であったそうです。この同じ話を、人によってはまたこういうふうにも覚えています。すなわちやはり旅人が二人で、青木湖の端で休憩し、一人は睡って夢を見る。一人は夢の話を聞いて、後からそっと行って掘り出しますと、やはり財宝が青い光に化して空を飛んで行って、夢を見たほうの人の家に、落ちたという話になっているのであります。

昔話も夢と同じように、支那とインドと西洋と日本とでは、それぞれに話し方が変わってきております。日本では最初から、正夢を見るの資格とでもいうべきものが、定まっているように考えられていたのであります。だから私はまた将来の日本のために、大いに夢みることのできる人がもし幸いにあったとすれば、それを早めにゆり起こしたり、また嘲ったり欺いたりせずに、できるだけ荘厳なる正夢を、ゆっくり見せてやりたいと思うのであります。

（昭和十二年一月二日夕）

注釈

1 『本朝文粋』 平安朝前半期の漢詩文を集めた書物。撰者は藤原明衡、十一世紀前―中期の成立か。巻十二の「富士山記」は都良香の作。

2 『詞林采葉抄』 『万葉集』の研究書。釈由阿の著で、室町時代のもの。枕詞・地名・故事等の解釈に力点をおいている。

3 『海道記』 貞応二年（一二二三）四月、京都から鎌倉への約半月の旅行の紀行文。作者は未詳。

4 『伯耆民談記』 江戸期における鳥取県の地理・神社・仏閣・古城について記した書物。著者は松岡布政で、寛保二年（一七四二）の成立。この話は、「古城之部」の羽衣石城についての話の中に載っている。

5 『小県郡民譚集』 おもに長野県小県郡における伝説・昔話を記録した書物。小山真夫著。昭和八年、郷土研究社刊。

6 『天草島民俗誌』 熊本県天草地方の民俗を記録した書物。浜田隆一著。昭和七年、郷土研究社刊。

7 『津軽昔ご集』 青森県津軽地方の昔話七一話を記録した書物。川合勇太郎著。昭和五年、東奥日報社刊。

8 『聴耳草紙』 おもに岩手県を中心として東北地方各地の昔話三〇三話を記録した書物。佐々木喜善著。昭和六年、三元社刊。

9 『桃太郎の誕生』にその片端を…… 『桃太郎の誕生』は、昭和五―七年に著者が各雑誌に発表した昔話に関する論文を集めた書物。昭和八年、三省堂刊。この個所はその中の「絵姿女房」参照。

10 『信達民譚集』 福島県信夫郡・伊達郡の伝説を中心として、婚姻習俗等をも記録した書物。近藤喜一著。昭和三年、郷土研究社刊。

11 『紫波郡昔話』 岩手県紫波郡地方の昔話を記録した書物。佐々木喜善著。大正十五年、郷土研究社刊。

12 舞の本　幸若舞の詞章を集めたもの。『平家物語』や『義経記』『曾我物語』などをもとにしたものが多い。幸若舞は室町時代に桃井幸若丸直詮がはじめたといわれる舞曲。

13 グリム兄弟　ともにドイツの学者。兄はヤーコップ・ルードヴィヒ・グリム（一七八五―一八六三）、弟はキルヘルム・カール・グリム（一七八六―一八五九）。ドイツの民間に伝わる昔話を記録して、いわゆる「グリム童話集」を著すとともに、昔話研究に科学的基礎を与えた。

14 『万葉集』巻十六の竹取翁は…… 『万葉集』三七九一番―三八〇二番の一連の歌参照。

15 『老媼夜譚』 辷石谷江刀自から聞いた岩手県上閉伊郡に伝わる昔話一〇三話を記録した

書物。佐々木喜善著。昭和二年、郷土研究社刊。

16 『因伯童話』 鳥取県各地の伝説、昔話三七編を集めたもの。因伯史談会編。大正十四年刊。

17 佐々木喜善　明治十九年―昭和八年。岩手県の生まれ。文学に志すとともに、柳田国男の影響で昔話の採集をすすめ、数々の昔話集を著した。

18 『甲斐昔話集』 著者土橋里木の祖母土橋くら刀自の語ったものを中心とし、主として山梨県の昔話一二〇話を記録した書物。昭和五年、郷土研究社刊。

19 折口君　折口信夫。明治二十年―昭和二十八年（一八八七―一九五三）。大阪市の生まれ。国文学者・民俗学者・歌人。柳田国男とともに民俗学の開拓につとめた。『古代研究』等、多数の著書がある。

20 『燕石雑誌』 神話や方言、俗呪等を多くの漢籍を用いて考証した書物。滝沢馬琴著。文化八年（一八一一）刊。

21 『昔話研究』 昔話を研究、記録した雑誌。昭和十年五月創刊、同十二年十二月までに計二四冊出た。三元社、壬生書院、民間伝承の会等から刊行。

22 『江刺郡昔話』 岩手県江刺郡地方の昔話等七六話を記録した書物。佐々木喜善著。大正十一年、郷土研究社刊。

23 『雑談集』 鎌倉時代の説話集。臨済宗の僧、無住法師の著。

24 『黄金の馬』 岩手県の昔話等七二話を集めた書物。森口多里著。大正十五年、実業之日本社刊。のち昭和十七年に増補再版が三国書房から出た。

25 『旅と伝説』 観光・趣味の雑誌ではあるが、民俗学の研究や調査報告が多く掲載されている。昭和三年から十九年まで、一九三冊を刊行。三元社刊。そのうちの『昔話号』(四巻四号、昭和六年四月)を第一昔話号、『昔話特輯号』(七巻十二号、昭和九年十二月)を第二昔話号と通称している。

26 Savagery 残虐性。野蛮なこと。

27 『壱岐島昔話集』 長崎県壱岐島の昔話を記録した書物。山口麻太郎著。昭和十年、郷土研究社刊。のち増補して、昭和十八年、三省堂刊。

28 『口承文学』 昭和八年―十一年に出されていた雑誌。堺口承文学の会刊。

29 『加無波良夜譚』 新潟県南蒲原郡地方の昔話一〇二話を記録した書物。文野白駒著。昭和七年、玄久社刊。

30 『江沼郡昔話集』 石川県江沼郡地方の昔話一一二話を記録した書物。山下久男著。昭和十年、小川書店刊。

31 ペロール Charles Perrault (一六二八―一七〇三)。フランスの詩人・童話作家。「赤ずきん」等の民間説話を集めた『おとぎ話集』その他の著がある。

32 『日本昔話集』 児童向けの書で、日本のよく知られている昔話一〇〇編余を集めたもの。昭和五年、アルス刊。

33 『安芸国昔話集』 広島県の昔話一〇〇話を記録した書物。磯貝勇著。昭和九年、岡書院刊。

34 『五島民俗図誌』 長崎県五島列島の民俗を記録した書物。久保清・橋浦泰雄著。昭和九年、一誠堂刊。

35 『南島説話』 沖縄の中頭郡の昔話一〇〇話を記録した書物。佐喜真興英著。大正十一年、郷土研究社刊。

36 源三位頼政もしくは源太景季の逸話 頼政が鵼を退治してその功に菖蒲を賜わったという風説や、『沙石集』所載の、召しかかえた菖蒲という美女を頼朝が梶原景季に見せる際何人もの女とともに見せたので、景季が困って「まこもぐさあさかのぬまにしげりあひていづれあやめとひきぞわづらふ」と詠んだ時、菖蒲が顔を赤らめ、その女性を見つけたという話をさすか。

37 『海南小記』という…… 『海南小記』（大正十四年、大岡山書店刊。『定本柳田国男集』第一巻所収）のなかの「炭焼小五郎が事」に説いてある。

38 関君の集めた…… のちに、関敬吾著『島原半島昔話集』（昭和十七年、三省堂刊）にまとめられた。

39 中世以来の婚姻制の…… 婚姻制変遷についての著者の見解は、『婚姻の話』（昭和二十四年、岩波書店刊。『定本柳田国男集』第十五巻所収）に述べられている。

40 『醒睡笑』 噺本。安楽庵策伝作。寛永年間刊。所載の笑話には、後世の落語として用いられているものが多い。

41 早川孝太郎君が…… 早川孝太郎著『花祭』(昭和五年、岡書院刊)。この花祭とは、愛知県北設楽郡を中心に旧暦十一月十五日前後に行われる一種の神楽。

42 『築紫野民譚集』 福岡県の伝説や神事等についての聞書。及川儀右衛門著。大正十三年、郷土研究社刊。

43 安居院の『神道集』 仏教の立場から説いた神社の縁起由来を主たる内容とする書物。十巻五十章から成る。南北朝時代のものと言われている。

44 庚申の一夜 庚申(かのえさる)の日の夜は眠らないで謹慎して夜を過ごす信仰がかつてあった。この夜には昔話がよく語られたという。

45 テオドル・ベンファイ Theodor Benfey(一八〇九―一八八一)。ドイツの言語学者。すべての昔話はインドで成立して各国に伝播したと主張し、十九世紀後半の昔話研究に大きな影響を与えた。

46 サー・ジエムス・フレエザア Sir James George Frazer(一八五四―一九四一)。イギリスの人類学者。社会制度・信仰・儀礼などの資料を豊富に収集し、比較研究をした。著書は多いが、宗教に対しての呪術先行を説き、農耕儀礼や神話等について述べた『金枝篇』は著明。

47 アンティ・アァルネ Antti Aarne(一八六七―一九二五)。フィンランドの学者。地理・歴史的方法をとり入れて昔話を研究した。現在における最も一般的な昔話分類法である、動物昔話・本格昔話・笑話の三分類の基を作った。

48　これがインドに生まれて……　その後、オーストラリアやアフリカの未開諸民族の昔話でヨーロッパのものときわめて近いものが発見されたこと、紀元前十五世紀における「二人兄弟」のまとまった昔話が発見されたことなどによって、このインド起源説は疑問視されるようになった。

49　ラマーヤナ　古代インドの叙事詩。コーサラ国の首都アヨーディヤーのダシャラタ王の王子ラーマを主人公とするもの。現在の形になったのは二世紀のころであるが、紀元前五〇〇年ごろの物語も含まれている。

50　マハバーラタ　古代インドの叙事詩。バラタ族の二王族間の戦争の物語であるが、神話・伝説・社会制度等も述べられており、ヒンズー文化の一大百科事典のごときもの。

51　『嬉遊笑覧』　庶民生活全般にわたってその来歴・意義を解説した一種の民俗事典。喜多村信節著。文政十三年（一八三〇）の序がある。

解説

昔話研究の意味　『昔話と文学』の初版は昭和十三年に刊行されたが、それより以前、昭和八年に著者の『桃太郎の誕生』が出されている。このころはわが国において各地から昔話の採集記録が報告され出した時期であり、なおいっそう多くの昔話の全国各地から採集されることの期待された折であった。さらに、外国の昔話研究などの状況も知られ、昔話の比較研究の一日も早く試みられねばならぬことの痛感された時代でもあった。著者が本書を公にした動機はこれが先鞭をつけるにあったが、昔話研究の目的はなにか、昔話の研究によってどういうことがわかるか、と自問自答している。昔話の研究には昔話自体の比較つまりある昔話の原型がどんなものであったか、それがどのように複合分化してきたか、また話の分布状態はどのようになっているかの問題がある。それとももう一つは昔話の宗教的起原とか、昔話の社会的背景などの問題がある。

著者が『昔話と文学』を出版した動機はその序文の中に書かれている。昔話に対する世人の興味を喚起し、その研究の盛んになることを願ったのである。著者が昔話の研究を手がけてわかったことは、昔話を多く集めてみると遠隔の地に同じ話が伝えられていることの発見であった。そしてそういう昔話には古いものが多いという事実である。古いものとは家庭において爺さん婆さんから語られる昔話で、グリムのいうキンダー・ウント・ハウスメルヘン（児童および家庭童話）のことである。昔話は中世以後になると特殊な職業者が語り出したものが目に見えてくる。僧侶、お伽の衆、馬方牛方、桶屋、大工、座頭、瞽《ご》女《ぜ》などが語ったと思われる話がある。近世以降に発達した笑話になるとこの傾向はもっと著しい。著者はこの家庭において語り継がれてきた古い昔話を、なるべく数多く集めることの急務たるを感づいたのである。なぜならば、かかる種類の昔話を比較することがたいせつなのにもかかわらず、それが急速に消失しつつあるからである。日本の昔話は衰退期に入っていると著者はいう。しかしそうはいっても、これを西洋諸国と比べてみると意外に豊かな資料が残っている。そしてそれを国外の資料と比較して昔話の国際的一致を説くことのできる大いなる望みがあるのである。実際、昔話を熱心に聞くという生活はなくなったといえるが、話を記憶している年寄りはまだ相当に残っている。戦後はもう昔話の採集などは不可能と思われたが、ここ数年、若手の研究者が多数あらわれて今日では昔話の研究はなかなか盛んである。各地から昔話集が刊行され、資料の数はとみに多きを加えた。その記録のしかたも戦前には考えられもしなかったテープ録音が利用されているので、非常に正確な資料が得られることになった。

著者は昔話について次のように述べている。「昔話が大昔の世の民族を集結させていた神話というもののひこばえであることは、大体もう疑いないようであります。したがってもし方法を尽すならば、この中からでも一国の固有信仰、我々の遠祖の自然観や生活理想を尋ね寄ることは可能でありまして、これを昔話研究の究極の目途とするのは、決して無理な望みと申されません」。この大きな目的に到達するためにも、まず昔話の保存がなによりもたいせつであり、著者はさらに昔話を生活文化の疑問の解説に応用してみたいといっている。たとえば、口承文芸といわゆる文学との相剋、文学の定義をいかにくだしたらよいか、また将来の文学の展望などの問題である。

『昔話と文学』は題名のごとく、昔話と文学との関係を論じた諸篇をあつめたものである。昔話は民間文芸、口承文芸といわれるものの代表的なものであるが、これと記録文芸とはどんな関係に立つものであるか。『今昔物語』『宇治拾遺物語』、下ってはお伽草子などのいわゆる説話文学のなかに見えている話が、民間に口承された昔話と一致するものが、いくらもあることは実例によって証することができる。しからば、両者の関係をどう説明することができるであろうか。説話文学の話が民間に伝わって昔話として語られるにいたったのか。あるいはその反対に、民間の昔話を素材として記録文芸の中に取り入れられたのであるか、この問題を取り上げて著者は「竹取翁」以下の論考においてその見解を詳述している。いま、それら各篇についての簡単な解説を加えてみることにする。

竹取翁　巻頭の「竹取翁」はわが国の物語の祖といわれる『竹取物語』を取り上げて昔

話と文学との関係を考察してある。『竹取物語』の素材が昔話のあるものと一致していることは、今日ではくどくどしく説明しないでもおおかたに承認されている。それならば『竹取物語』のどの点が昔話と一致し、どの点が物語の作者の創意によったものか、その点を本論は問題としている。竹取翁の話は『万葉集』『今昔物語』などいろいろな文献にのせてあり、その内容はすこしずつ違っている。著者はまず『竹取物語』の最後にある富士山について、『富士山縁起』その他の文献を引用して、富士山をとりまいた地方に竹取翁の話が伝えられていたことを注意し、『竹取物語』の結構に羽衣説話が参与しているという説に賛意を表し、進んで富士を背景としている駿河国の海のほとりに、羽衣らしい神婚の古伝が歌でなり舞の形でなり行なわれていて、文芸の竹取との間に橋渡ししたのではないかと想定している。羽衣説話は風土記の逸文をはじめとする諸記録、民間説話の全国的分布から考えて、それが長い年月を経た説話であることがわかる。その変化を探る手がかりとして、翁が犬を飼っていたこと、豆の木をつたわって天に上ること、羽衣を失って過去を忘却すること、天女が機織りに巧みだったこと、などの諸点から細かに比較検討されている。こうして見ていくと、口承文芸の威力のまだ衰えなかった時代にあっては、風俗の題目を取り扱った記録文芸が口承のそれからかなりの制約を受けたことが考えられる。『竹取物語』とてその外に立つものでなかった。

そこで問題となるのは、それならば『竹取物語』の作者の創意はどこにあるかであるが、著者はこれに対して五人の貴公子が無益に妻問いして結局失敗に終わった五通りの叙述にあるといっている。この求婚者試験譚に書かれた難題をみると、民間説話のそれとは異なり、その点『今昔物語』の方のものが時代は下るが民間のものと一致している。つまり、竹取ができてからもそれとは別種の話し方が並行して存在したことを語るものだろうと著者はいっている。最後に『竹取物語』の赫夜姫が他の話では竹林の中の鶯の卵から生まれた鶯姫として語られているのがあることを取り上げ、鳥の卵から人間の子を得たという伝承の古いことを注意し、さらに姫が短日月の中に大きくなった異常成長譚が上代にすでに行なわれていたことを説いてある。また竹取翁が普通の百姓が仲間とは考えない野山に竹を伐って生活していたという翁の社会上の地位に言及し、かかる微賤の者が宝の子を見つけて富を積み長者となったという点をあげ、この部分が物語の中で最も古く、ことによると人が説話をそのまま信受した時代から続いて伝わっていたかと思うと記してある。つまり結論は、竹取の翁が無上に幸福なる婚姻をしたという話がかねて一般の知識となって流通していたために、『竹取物語』という創作もその一半をその連想に托することができたので、この上代においてどれほどひろく行なわれていたかを確証することはむずかしいが、『万葉集』の竹取翁などから考えてみてもそのことはほぼまちがいないと思われるとある。

竹伐爺　次の「竹伐爺」は竹取翁の続編ともいうべき論考である。すでに竹取翁の結末に翁の物語が後世に昔話として糸を引いてきたことをこの竹伐爺という昔話をあげて説いてある。この話は北は青森県から南は熊本県にいたるまで間断なく採集せられており、関西では一般に屁こき爺という名で知られている。

話の筋は貧乏な爺が竹を伐っている、そこへ殿様があらわれ、そこにいるのは何者だときくと、爺は日本一の屁こき爺と答える。それなら一つこいてみろといわれて珍しい音を出してご褒美にあずかる。隣りの爺がこれを羨ましがり、真似をしたが失敗して尻を切られたという話である。これは日本の昔話に多い隣の爺型といわれるもので、花咲爺、舌切雀などこのモチーフを用いている。竹伐爺にはどうして屁の妙音を出すようになったかを説いているものがある。鳥呑爺といわれる話で、爺が小鳥を呑み込んでしまったので不思議の音を出すようになったという。

この屁こき爺の記録文芸に取り扱われたものに御伽草子の「福富草紙」がある。ただこの草紙の話では竹伐爺が出てこないので、これと『竹取物語』との連絡は絶えている。したがって同じ竹取翁を主人公とした話の結びつきをたどるには民間の昔話によらねばならない。著者はまずこの話の中心題目である屁の音の比較を試みている。それによると、福富草紙の「こがねさらさら」という文句は、中国地方に伝わっているという。正直爺さんが放屁の徳を授かった機縁は福富では道祖神に祈請してとなっているが、昔話にはすべて小鳥との交渉を説いている。そこで腹に入った鳥の種類をあげてみると、竹取翁と縁故のある鶯の話が意外に乏しい。しかし肥前の五島と肥後の天草島には鶯としてあるので、捜せば他地方からも見つかるかもしれない。これらの鶯の例だけでは鳥呑爺と竹取翁とを結びつける橋はかけがたいが、この両方の話は新しい資料の出現によってしだいに接するだろうと、著者は予想を下している。

花咲爺　この昔話は普通考えられているようにその分布が全国に及んでいない。そして記伝の文学の影響を受けることが少なかったので、民間の説話として自由に変化していることが特色である。これも先に述べた隣の爺型の一つである。標準型の話では老人夫婦が犬を飼う縁由を説いていないが、民間に伝えられた話にはこれを解いたものがある。福井県阪井郡の話では三国の港へ子を貰いに爺が行くと、途中で白い小犬があらわれて子にしてくれというのが発端で、あとは普通の話となっている。その他、桃太郎と同じく川上から香箱が流れてきて中に小犬が入っていたとか、海の神に薪を献上した返礼に狆《ちん》を貰ったというのもある。薩南喜界島の話では、やはり薪を海に投げ入れると龍宮から使者がきて礼をするから来いといわれる。途中で礼に何が欲しいときかれたら犬が欲しいと言えと教えられ犬を貰ってかえる。この犬を大事に育てると山へ入って猪をたくさんとってくる。それを羨ましがった兄がむりに犬を借りにいって犬に咬まれ、怒って犬を殺すという話になっている。

この話などから、著者は花咲爺の話の原《もと》の形を次のように想定している。最初に犬の素性を語り、次に犬が死んで跡を留めて何らかの植物となって奇瑞をあらわすこと、第三に犬の手柄が以前は金銀財宝でなくて豊かな狩の獲物であったことである。この喜界島の話と比較されるものに東北地方の灰撒爺または雁取爺と呼ばれる話がある。善悪二組の爺婆があり、一方は富み栄え、他方は破滅するやはり隣の爺型の話である。これも川に簗を掛けると小犬が流れてきて掛かるのが発端になっている。そして犬が狩の獲物をたくさんとってくるのは喜界島と同じである。ただ最後の灰の利用がこの話の特色で、屋根の上で灰を撒いて飛んできた雁の眼に入れてこれを落とし取ることになっている。悪い爺は真似をして自分の眼に灰を入れ、屋根から転がり落ちることになっている。同じ灰の利用でも、枯木に花を咲かす花咲爺に比べるとこの方はずっと粗野である。

花咲爺の分布が国の中央部に偏しており、それを取りまく地方の端々には雁取爺のごとき話が見られる。著者は古い民間説話が童話に赴く路と、笑話化していくのとは本来二筋のものだといっている。中央部において花咲爺のように童児用の話に早くから仕立てられたのに地方にはそれだけの余裕がなかった、というよりも笑話に対する要求が大きかったからだろうとある。もちろん今ある花咲爺も雁取爺も、ともにもとの形から変化してきているので、両者のもっと接近した内容の古い話し方があったのではないかと著者は述べている。最後に、隣国中国には枯樹開花、狗耕園などという花咲爺の類話のあることを述べ、話の伝来か偶合かの問題を論じてある。著者の解釈では犬を子にして長者になったという昔話があって、それにいろいろの変化が加わったのでその中にはむろん外来の要素も考えられるが、昔話の国際一致は中国とだけではなくもっとひろく比較する必要があり、それに進む前に国内の綿密なる比較検討を要するといっている。

猿地蔵　「猿地蔵」はやはり隣の爺型の話である。この話は無住法師の『雑談集』に掲載されていることで知られている。草取りにいった爺が弁当に持っていった焼餅を猿がたくさん出てきて食べてしまうのをじっと見ていると、爺を地蔵様だといって手車に乗せて川を渡り、御堂の中へかつぎこんだ。おかしいのをがまんしていると御賽銭をたくさんあげて猿は行ってしまった。爺さんはその金を集めて美しい着物などを買って帰った。すると例により隣の爺が真似をするが、猿の挙動におかしくなって笑ってしまい川におとされる。

これは昔話によくある笑いの咎ということをモチーフにしている。爺が地蔵とまちがえられるのは『雑談集』にはただ仏となっている。しかしいずれにしても地蔵と思って運ぶ個所を著者は三つの型、すなわち偶然型、計画型、謝恩型に分けている。偶然というのは弁当に持っていったハッタイを食べ、顔いっぱい粉のついたまま休んでいると地蔵にまちがえられる。これは祭日に石仏に粉をなすりつける風習があったからである。計画型というのは猿が畠を荒らすので爺がシトギを身に塗って地蔵の真似をして坐ったという説き方であり、謝恩型というのは『雑談集』などのごとく猿が弁当を食べるのを怒りもせずにいたのに対して賽銭をあげて恩を謝したのをいう。著者はこの三つの型のどれがもとの話し方であるかは断定していないが、人間の智慮才覚が働いて成功したという類の話は、自然にまた思いがけなく幸福を得たというものよりも後から現れたと見るのが普通であるといっている。なお『雑談集』に見えた二人の爺の名前がマメ組・モノグサ組とあり、マメ組が幸福を得ることについて著者はもとは物ぐさ爺という名だけがあったのではないかと想像している。説話の主人は遅鈍な人の好い爺が幸運を得るのが多いからで、後世の倫理感がマメ組という名の爺を附加したものと思われる。これはまことに卓見といえる。

かちかち山　これも五大お伽噺の一つに数えられている。この話は前段と後段の継ぎ合わせがはっきりしており、外国種の要素も多分に見られる。標準的な話し方で気がつくことは発端の狸がどうして登場してくるかの点が脱落している。花咲爺の犬をはじめ標準話法では発端の脱落がしばしば見られるが、昔話の原型を知るにはここのところがだいじなのである。民間の昔話では爺が種蒔きをしているのを狸がからかうので木の株に餅を塗りつけてこれを捕えることになっている。しかるにこの主人公の狸が狡猾で婆さんをだましてついに殺してしまうのだが、それがひとたび兎が出てきて仇を討つ段になるとまったくお人好しで兎にやられてしまう。狸の性格が前後で矛盾しているのでこれは二つの話を継ぎ合わせたことがわかる。この昔話は外国に類例の多いことは多くの人に気づかれている。著者も『昔話覚書』の中で「続かちかち山」と題して、東南アジアの類話について紹介した。南太平洋やアメリカインディアンの中にも同様な話が報告されている。この話の分布については世界的に比較してみなければならない。この話の後半はいわゆる動物説話といわれているもので、兎の姣智を語ること「ライネッケ狐」などに類してわが国では「兎と蟇の餅のわけ合い」というのがこの系統の話としてひろく分布している。猿蟹合戦のごときもこれの適用と考えられる。

藁しべ長者と蜂　『今昔物語』『宇治拾遺物語』『雑談集』にのせてあり、いずれも大和長谷寺の霊験譚として語られている。一本の藁しべを次々と他のものと取りかえて長者になった話である。民間に伝わっている昔話もだいたいこの話によったと思われるが少しずつの違いのあることは、説話がいったん記録になってから後も、なお俗間にはこれを成長変化させる力をそなえていたと著者はいっている。そしてこの長谷寺の霊験記以前に、もしくはこれと並行して、この類話の行なわれたことを各地の昔話をあげて説明している。その中でとくに興味のあるのは藁でゆわえた虻である。もし民間の昔話が長谷寺霊験記にまるまるよったのであれば、この虻が出てきそうなものであるがそれが見当たらない。昔話に出てくる小動物は虻でなく蜂となっている。難題聟その他に蜂の援助によって幸福なる結婚に入った話がある。したがって長谷寺の虻はこの民間の蜂の話からその構想を暗々裡に支配されていたかもしれないと説かれている。そして結論として、われわれの伝承には表と裏と、外形と内部感覚と二通りの路筋があったらしいことと、大きな動物の援助譚よりも虫や小鳥のようなもののそれの方が一つ古い形であったらしいこととを明らかにしている。

霊魂がかかる小動物の姿をして飛びあるくという信仰がこの話の背景として考えられよう。

うつぼ舟の王女　王女が王様の怒りに触れてうつぼ舟に乗せて流され、終局は幸福な結婚生活に入るという「ペンタメローネ」の物語を読んで、われわれにはすぐ思いあたることがある。高貴な姫君がうつぼ舟に乗せて流された話、またその舟が流れついたという説話や伝説が伝えられている土地は二、三にとどまらない。蚕神として知られている茨城県の蚕影山縁起にもうつぼ舟で流されてきた女性のことがあり、熊野には天竺から流されてきた王女のことを伝えている。次にこの話の主人公である男が願い事ならなんでもかなうという不思議な力を持っておりながらそれを女房にいわれるまで気がつかないか、あるいはいっこうその力を行使しなかったことである。これはわが国では炭焼長者の話として行なわれている。黄金の山の中で炭焼をしながらその価値を女房にいわれるまで知らなかったのである。著者は最後に日本での話にあってペンタメローネにない話として、殿様に追放される女が屁をひったためという話をあげている。これは沖縄にまで分布している。屁をひって追い出された女の子が成長して殿様のところへ屁をひらぬ女の作った茄子というのを売りにいく。殿様がそんな女がいるかといったので、母のことを語り、殿様をやりこめて父子が再会するという物語である。結局この話はいろいろのモチーフを複合した技芸の産物であろうと述べてある。

蛤女房・魚女房　これは異類婚姻譚の中の異類が人間の女房となる話の一つである。蛤女房の方は御伽草子の「蛤の草紙」という記録文芸があるが、これと昔話の蛤女房とでは内容がかなり距っている。蛤女房の話は少数しか報告されていないが、鯛や鮒が人の女房になる魚女房と話の筋は同一である。これらの蛤や魚が女房になると毎日の汁の物の味がよくなる。男が外出した振りをしてそっとのぞいてみると女房が汁鍋にまたがって小便をしている。蛤や魚は見られたことがわかると正体をあらわして帰っていく。異類との婚姻は正体がわかると破れるのが常道である。普通このような異類の女房は人が命を助けたり、傷を介抱してやった報恩譚になっているが、蛤女房や魚女房ではそれが脱落してなぜ女房になってきたか理由のわからぬものがある。これでは幸福の婚姻ともいえない。著者はこの話を水の霊の人間に嫁いだ話の型に属するものではないかといっている。いわゆる龍宮女房型という話だが、天から花嫁の下りてきたという昔話と、海の都から迎えられてきたというそれとは、根源から二つ併存していたとは思われぬ以上、いずれある時期に分化したに相異ないと考察している。

笛吹き聟　これは御伽草子の「梵天国」という話の昔話である。五条右大臣が清水観音に祈って儲けた申し子の玉若が笛が上手で、その名声が梵天帝釈にまできこえ、梵天王はその娘をあたえた。淳和天皇はその娘を得たく難題をもちかけた。梵天王の娘の力でそれを切りぬけてしまう。最後に梵天王の御判を取りに行ったとき羅刹国の王にめぐみをたれたがため娘を奪われるが、それをとり返しに行き、迦陵頻と孔雀の助力によって首尾よく帰還する。著者はこの話を昔話の笛吹き聟と三つの点で比較している。第一は殿様の難題、第二は女房を羅刹王に奪われること、第三は盗まれた美女の奪還である。このうち第二のものはこの話以外わが国には見あたらない。第一は難題聟といわれる話である。笛は山路の笛として知られている真野の長者の牛飼童の物語、源義経の浄瑠璃御前の話などに見えている。梵天国と同じ内容の昔話が東北地方から報告されている。

笛吹聟を語った人が「梵天国」を知っていたかどうか、もし知らなかったとすると両者の一致はどちらからか他へ移ったことになる。いずれにしても梵天国は複合型の話であるが、笛吹聟の方が全体の叙述が自然で、御伽草子は手が込んでいる。細部について比べると、女房の奪還を助ける迦陵頻と孔雀が昔話では鶴である。御伽草子と明白に違う点は天国に笛吹きがのぼる事情で、御伽の方は最後の難題をとくため、昔話の方は天上の舅へ聟の初礼にいくためとなっている。難題の内容も昔話の方は『今昔物語』以来の伝統を踏んでいる。鬼のつながれている場所も昔話の方が自然で、御伽草子が昔話を写し取ったものといえそうである。

笑われ聟　昔話の中の笑話にあたる話である。著者はまず昔話の三種類、本格説話・動物説話・笑話についてその先後関係を説いている。動物譚や笑話は話が簡単であり、文化の古いインドの記録に見出されるので、本格説話より以前のものとする説に反対している。この先後関係を決めるには一国内の昔話を細かに比較する必要があるので、歴史の古い国にあるというだけでは決められない。昔話の発達順序は話自体の変遷から考察することが肝腎であるが、そういう便宜を持つ国は少なく日本はその少数の国の一つである。地形が非常に複雑で山間の僻地や離島に昔話が生のまま保存されている。そして交通の不便だった土地から報告された昔話が変化の各段階を示しており、国外からの影響が少なく、よしあっても固有のものとのえりわけがすぐできる。

昔話が本格のものから動物譚と笑話が分かれたとすると、動物譚の方が笑話よりずっと早く分かれた。著者はここで笑話がどうして本格説話から分かれていったかを考える。日本で採集された話の中で笑話が最も多いことはいうまでもない。都市とその周辺では昔話といえば笑話のことだと思っている。本格説話と笑話との相異は笑話が全国を通じてその数が多くても内容はほとんど同一であるのに対して、本格説話の方は土地ごとに少しずつ違っている。笑話の方は話が簡単で変化のしようもなかったといえるが、主たる理由は話の運搬者の影響である。すなわち座頭とか太鼓持とか、笑話を聞かせる職業者の介在で、彼らの話には師弟の系統があって話を各地に持って廻ったのである。その数は必ずしも多きを要さなかったが、近世になると、何度も同じ話を聞く根気がなくなって、しだいに変わった話を要求するようになった。著者は笑話の内容は雑多であるが、趣向のうえから見ると四通りに分類できるといっている。第一は悪者の失敗、第二は大話・テンポ話といわれる誇張談、第三は術競べ・智恵競べ、第四は聟入話である。そしてこの最後のものが笑話中、特異な地位を占めている。

聟が笑われ嘲られやすい境涯に陥った頃から聟入話はしだいに馬鹿らしいものとなったが、以前は婚姻成功譚の一部分をなしていたのである。それをそこだけ引き離して笑話としたのである。炭焼長者譚にあるような黄金の値うちに気がつかなかったなどはその一例である。このところが説話の自由区域で、語り手がいろいろと愚行の数を加えていくとおろか聟の笑話となってしまう。そして近世になって記録化されると、膝栗毛などの滑稽文学となるのである。しかし滑稽話にも細かく見ていくと本格説話とも連絡がとれ、昔話の約束というものが守られている。つまりどこかで聴手の制約を受けているのである。

はて無し話　これは昔話の一つの型として世界中に分布している。普通、子供が昔話を語るのを聞くとき、次々と話をせがんでうるさくてしようがない場合こういう話をして子供にあきらめさせてしまうのである。つまり同じ事柄を何度も何度もくり返して話すのでいくらでも続けていける。はて無し話は近代の一つの教育様式であったと著者はいう。昔話を語り聞く生活は今日からみると単調きわまりないが、これは以前の生活と無関係ではなかった。近代の忙しい生活はしだいにこの単調を続けることを不可能にした。そこで単調の忌むべきものなることを幼き者にも早く知らせることが必要となった。このことがはて無し話のようなものを登場させたのではないかという。したがって昔話はだんだんと短くなり、数ばかりが多くなっていったのである。しかしその一方に、はて無し話は神話というもののもとの形また昔の昔話の語り方をうかがわせるものがある。同じ事柄を何度もくり返して聴手の印象を強めていくので、そういう点からみるとはて無し話は昔話研究の大事な資料ということができる。

鳥言葉の昔話　これは放送原稿であり、昔話の世界一致の原因をこの昔話によってたずねてある。鳥言葉の昔話についてはベンファイ、フレイザー、アァルネなど三人の欧州の碩学が論文を書いており、それがいずれも結論としてこの話のインド起原説をとっている。著者はこの点が不満で、インド説では西欧における分布は説明できるかも知れないが、日本をはじめとするアジア諸国の話について何も説明していない。この昔話には複雑型と単純型の二種類があり、日本には前者のものは見あたらないという。西欧のものは二〇〇〇年前のものから複雑型である。日本におけるこの話は「聴耳頭巾」の名で知られている。被ると鳥獣の言葉がわかる頭巾で、これを手にした者が鳥の声をきいて殿様の娘の病気の原因を知ってなおし、裕福な暮らしをするようになる話である。南方沖縄ではこれを龍宮から貰うことになっている。また安倍の童子丸という話にもこの鳥言葉が取り入れられている。ヨーロッパと日本にこの話の存在しているのはどう解釈すべきだろうか。グリム童話集には犬や猫などの言葉を覚えてきた男の話がある。

この話の注意すべき点の一つに鳥の言葉を聞いて笑うことがある。なぜ笑うかと咎められ、そのわけを話して家を追い出され苦労を重ねる。笑って損をしたという趣向で、これがヨーロッパの古い記録にある話では、女房の前で笑ってとがめられた亭主の話となっている。インドに古い記録があるためヨーロッパの学者は複雑型の話から単純型のものが出たようにいっているが、著者は反対に複雑型の前に単純型があったとみている。そしてこの話とは別に、鳥獣の言葉を理解する話のあることを述べ、昔話の根原を研究するには日本の資料が働く余地が大いにあり、それによって西欧の学者の定説とみなしていることにも訂正を要するもののあることを告げている。

初夢と昔話　正月二日に初夢を見る風習は今日では人々の記憶よりうすらいでいるが、もとは大事な行事であった。この習俗は室町時代以後、目に見えて盛んになったが、夢そのものを重視する考えは古いものであった。夢はいまでも多くの人が見ている。しかしこれを気にすることは少なくなったのではなかろうか。夢見が悪いといって心配する。夢合わせ、夢判断ということが行なわれ、見た夢によって物事の良否を判断する。その知識には外来のものが多く、それを職業とする者がいた。しかし本来は見た夢によって判断するのでなく、思案に余ることがある場合に夢を見て判じたのでこれが本当の夢占《ゆめうら》であった。意識して夢を見たのである。この風習は、近い頃まで正月雑煮を食べるとすぐ床の中に入って初夢を見るという風習のあったことでも理解できる。霊夢といって神が夢でさとす、枕神が立つともいう。夢は国民の心理の研究にたいせつなものである。夢を主題として本論には「夢見小僧」という昔話が取り上げてある。正月によい夢を見たというのを親たちに話せといわれても話さないので家を追い出される。すると夢に見たとおり長者となって故郷にかえり、私の見た夢はこれだといった話。これは先の鳥言葉の昔話にも取り入れられている趣向である。もう一つわが国に多い話は、昼寝をした人の魂がダンブリ（トンボ）となって飛び出し、夢に霊水を発見して金持になったというダンブリ長者の話である。また『宇治拾遺物語』にも他人の夢を買った話がある。

日本の夢の話ではよい夢を見る人の資格が自然にそなわっていた。いわゆる正夢を見る人があったのである。「味噌買橋」という昔話に、二人の男が同じ夢を見、一人は夢だと馬鹿にしていたのに、一人はそれをそのまま信じて福分を得たという話がある。

最後に、昔話に関する書物を若干あげておきたい。各地の昔話集は本文中の随所に記されたとおりだが、関敬吾著『日本昔話集成』全六巻（昭和三十二年、角川書店刊）は昔話を分類し体系的に編纂した便利なもの。同氏の『民話』（昭和三十年、岩波新書）、『昔話の歴史』（昭和四十一年、至文堂刊）、『昔話と笑話』（昭和三十二年、岩崎書店刊）も格好な入門書である。記録文芸と口承文芸との関係を論じたものには、大島建彦著『お伽草子と民間文芸』（昭和四十三年、岩崎美術社刊）および『咄の伝承』（昭和四十五年、岩崎美術社刊）がある。なお、著者には本書のほかに、『桃太郎の誕生』『昔話覚書』『日本昔話名彙』『口承文芸史考』などがある。

大藤時彦

新版解説

三浦佑之

民間に語り伝えられた昔話の蒐集が進み、その一層の蓄積をうながそうとして出されたのが、柳田国男『日本の昔話』（当初の題名は『日本昔話集』）であった。昭和五年（一九三〇）のことである。一方で柳田は、その頃から昔話に関する論考を精力的に発表し、最初にまとめられた昔話論（口承文芸論）として『桃太郎の誕生』（昭和八年）が実を結ぶ。そこでは、桃太郎・海神少童（はなたれ小僧様）・瓜子《うりこ》織姫《おりひめ》などが取り上げられ、おもに論じられたのは、昔話の起源への眼差しであり、神話的な世界とのつながり、語り継がれる昔話の広がりや成長発展のさまであった。

そして五年後、『桃太郎の誕生』に続いて刊行された第二論集が、本書『昔話と文学』（昭和十三年）ということになる。ここでは、「昔話が大昔の世の民族を集結させていた、神話というもののひこばえであることは、大体もう疑いはないようであります」（「序」）という立場から、おもに、語られる昔話と書かれた物語や説話文学との交渉を考えようとした。そこには、長い時代にわたって生き続けた昔話の意義を、多くの人びとに知ってもらいたいという柳田の願望がこめられている。そのために読みやすい文体を心がけ、専門家だけに通用するのではない、「衆と共に楽しむ」本を目指したと「序」にはある。

本書の論考のそれぞれの内容については、旧版文庫に付された大藤時彦《おおとうときひこ》氏による詳細な「解説」が再録されているので、わたしが二番煎じの蛇足を加える必要はまったくない。そこでここには、『昔話と文学』についての個人的な感想とでもいうような駄文を並べることを許していただきたい。

柳田は、なぜ昔話あるいは民間伝承の研究に没頭することになったのか、それは、採集された昔話をもとに、「もし方法をつくすならば、この中からでも一国の固有信仰、われわれの遠祖の自然観や生活理想を、尋ね寄ることは可能」だと考えたからである（「序」）。ヨーロッパには後れをとったが、各地から採集された多くの昔話が集まった今、それらを並べ見くらべながら、文字に書かれた文学と語り継がれた昔話との関係を明らかにすることは、柳田にとってはまずもって必要な試みであった。そして、その「方法と手際はまことに斬新で人を驚かせるに充分の内容であった」と野村純一《のむらじゅんいち》氏は指摘し、つぎのように述べる。

なぜならば、当時からしてすでに文学とはそもそもが、文字を媒体、介在とした上での個、いわば個人の創造的、生産的な営為であるとした、この態の認識と観念は逸早く先行して支配的であり、実際多くはほとんどこれを疑う風になかったからである。

しかるに、ひとたび『昔話と文学』に誘引、収束された世界は、在来のそれとははなはだしく異質の境地にあった。（略）顧みていうならば、それは久しく文字によって呪縛、拘束されてきた従来の文学観に向けての潔い査問であり、はたまた膠着《こうちゃく》した文学意識に対する果敢な挑戦であったとしてもよい。（『文学と口承文芸と　野村純一著作集　第八巻』清文堂、二〇一二年、三四九頁）

ここで野村氏が指摘する柳田の「挑戦」は、今も、「果敢」になされなければならないというのは、わたし自身が、文字で書かれた古事記の「語り」を研究する者として日々感じていることだ。いや、自分のことから少しく客観化して述べれば、右の野村氏の論考に共感しながら、「その口承文学と、それ以外の文学とのあいだをなす隔壁が、とみに高く、牢固としてきた昨今という実感がする」と藤井《ふじい》貞和《さだかず》氏は述懐し、それは、「文学研究の大《メイン》通り《ストリート》に、『書くこと』あるいは『テクスト』が高らかに宣言されてきて以来、という現象ではなかろうか」と述べる（藤井「解説―時代を越えるために―」同前『野村純一著作集第八巻』所収）。今こそが、窮屈なのだ。

とすれば、本書『昔話と文学』は、まさに今、読まれるべき書物だということになる。もちろん、ここに論じられている柳田国男の主張が、すべて妥当だからではない。納得できることも、修正を要するところも併せて、文学がいかなる表現かということを考えてみたい人は、読んだほうがいい。柳田自身が述べているように、頭から順番に読まなくてもよく、そのために巻末に付したという「昔話の索引というの」を利用して、「この中の最も親しみの多い題目から読み始めてくだすっても結構」(「序」)なのだから。

そんなふうにして読んでいると、柳田の意図に添っているか外れているかに腐心する必要はなくなる。文学について、昔話について、そして昔話と文学について、さまざまなことに気づかされ、考えればいいのだと思えてくるのである。

たとえば、巻頭に置かれた「竹取翁」という論考のなかで柳田は、かなで書かれた竹取物語と民間に伝えられた竹取翁の昔話との関係を解きあかそうとする。そして、五人の貴公子の求婚の部分に物語の創意は見いだされるが、それ以外の場面には、いくつもの先行伝承との交渉が見いだされると柳田は結論づけてゆく。その帰納法的な推論について批判はあるとしても、納得しやすい論述であり、わたしたちが竹取物語を論じるには、ここから出発すべきかと思う。とすると、すでに五十年も前のことになるわけだが、チベットから報告された「竹娘」(田海燕編『金玉鳳凰』)の五人の貴公子の求婚譚をどのように解釈すればいいのかということが、当然、われわれの前に大難問となって立ちはだかる。

さて、どうする。そこに道筋をつけるには、やはり口承とはなにか、語りとはいかなる表現かというところで判断するほかはないのではないか。どう考えてみても、孤立して存在する「竹娘」の検証を試みないかぎり、竹取物語への流入を論じるのはむずかしい。

最後に、本書のなかで目に付き、心ひかれた柳田のことばを、断片的、格言風に引いてみる。もちろん、そのいずれに真理を見いだすか、それは、わたしたち自身が昔話と文学にきちんと向き合い、対話し続けることによってしか出てこないのではないかと思う。

○だからこれからは国文学を嗜み、同時に一方には村に住む人々のきれぎれに持ち伝えた口碑を聞き出し問い合わせて参考にしようと心がける者を、蝙蝠だの雑学者だのと言って笑わぬようにしなければならぬ。（「竹伐爺」一〇）

○だからわれわれは説話の伝播に、古今悠久の時の長さがあり、また幾度かの寄せきたる浪があったことを認めなければならぬ。（「花咲爺」九）

○このような一貫せざる性格というものはありうべきでないが、昔話だけには妙に時々これが見られる。（「かちかち山」一二）

○笑話は何といっても昔話の零落を意味している。（「笑われ聟」七）

○日本では最初から、正夢を見るの資格とでもいうべきものが、定まっているように考えられていたのであります。（「初夢と昔話」六）

わたしなりの読解を加えておきたい。

まず最初の文章だが、これは先に述べた通りだ。今こそ必要なのは、コウモリになることではないかと思う。二つめの文章について言えば、そこにこそ語られる伝承を考えることのおもしろさがあるのではなかろうか。ひょっとしたら一万年も前から伝わってきた古層の伝承がまぎれ込んでいるかもしれず、一方で、近代に文献によって伝来した話がこっそり混ぜ込まれているというようなことも平気でおこる、それが説話なのだ。よほどの注意力と見きわめる眼力が涵養《かんよう》されなければならないのはいうまでもなかろう。三番めの文章も同様である。文字によって構想された物語とはべつの論理がそこには働いているとみなければならない。

最後から二つめ、笑話を昔話の零落とみる柳田の見解はまちがっていると思う。たとえば、古事記の神話における、高天の原における石屋の戸を挟んでおこなわれた、アマテラスとウズメとのやりとりをみれば明らかなように、アマテラスは鏡を知らなかったのだ。これは、笑話「松山鏡」につながる古い笑い話に違いない。笑話は、語られる神話の世界でも大きな地位を占めていたのではないかとわたしは考えている。最後の正夢を見る資格という発言は、柳田国男の慧眼を思い知らされる。まさに、夢とはだれもが見られるものではない、というところから夢は考えられなければならない。

（古代文学研究者にして伝承文学研究者）

書名

昔話題目付伝説

索　引（五十音順）

総記

編集付記

・新版にあたり、本文の文字表記については、次のように方針を定めた。

一、漢字表記のうち、代名詞、副詞、接続詞、助詞、助動詞などの多くは、読みやすさを考慮し平仮名に改めた(例/而も→しかも、其の→その)。

二、難読と思われる語には、引用文も含め、現代仮名遣いによる振り仮名を付した。

三、送り仮名が過不足の字句については適宜正した。

四、書名、雑誌名等には『』を付した。

・本文中には、今日の人権擁護の見地に照らして、不適切と思われる語句や表現があるが、作品発表当時の社会的背景を鑑み、底本のままとした。

昔話《むかしばなし》と文学《ぶんがく》

柳田《やなぎた》国男《くにお》

昭和46年 5月20日 改版初版発行
平成25年 8月25日 新版初版発行
令和7年 6月20日 新版7版発行

発行者●山下直久

発行●株式会社KADOKAWA
〒102-8177 東京都千代田区富士見2-13-3
電話 0570-002-301(ナビダイヤル)

角川文庫 18122

印刷所●株式会社KADOKAWA
製本所●株式会社KADOKAWA

表紙画●和田三造

●お問い合わせ
https://www.kadokawa.co.jp/（「お問い合わせ」へお進みください）
※内容によっては、お答えできない場合があります。
※サポートは日本国内のみとさせていただきます。
※Japanese text only

Printed in Japan
ISBN978-4-04-408319-9 C0139

◆◆◇

角川文庫発刊に際して

角川源義

第二次世界大戦の敗北は、軍事力の敗北であった以上に、私たちの若い文化力の敗退であった。私たちの文化が戦争に対して如何に無力であり、単なるあだ花に過ぎなかったかを、私たちは身を以て体験し痛感した。西洋近代文化の摂取にとって、明治以後八十年の歳月は決して短かすぎたとは言えない。にもかかわらず、近代文化の伝統を確立し、自由な批判と柔軟な良識に富む文化層として自らを形成することに私たちは失敗して来た。そしてこれは、各層への文化の普及滲透を任務とする出版人の責任でもあった。

一九四五年以来、私たちは再び振出しに戻り、第一歩から踏み出すことを余儀なくされた。これは大きな不幸ではあるが、反面、これまでの混沌・未熟・歪曲の中にあった我が国の文化に秩序と確たる基礎を齎らすためには絶好の機会でもある。角川書店は、このような祖国の文化的危機にあたり、微力をも顧みず再建の礎石たるべき抱負と決意とをもって出発したが、ここに創立以来の念願を果すべく角川文庫を発刊する。これまで刊行されたあらゆる全集叢書文庫類の長所と短所とを検討し、古今東西の不朽の典籍を、良心的編集のもとに、廉価に、そして書架にふさわしい美本として、多くのひとびとに提供しようとする。しかし私たちは徒らに百科全書的な知識のジレッタントを作ることを目的とせず、あくまで祖国の文化に秩序と再建への道を示し、この文庫を角川書店の栄ある事業として、今後永久に継続発展せしめ、学芸と教養との殿堂として大成せんことを期したい。多くの読書子の愛情ある忠言と支持とによって、この希望と抱負とを完遂せしめられんことを願う。

一九四九年五月三日

角川ソフィア文庫ベストセラー

新版 遠野物語
付・遠野物語拾遺
柳田国男

雪女や河童の話、正月行事や狼たちの生態――。遠野郷（岩手県）には、怪異や伝説、古くからの習俗が、なぜかたくさん眠っていた。日本の原風景を描く日本民俗学の金字塔。年譜・索引・地図付き。

雪国の春
柳田国男が歩いた東北
柳田国男

名作『遠野物語』を刊行した一〇年後、柳田は二ヶ月をかけて東北を訪ね歩いた。その旅行記「豆手帖から」をはじめ、「雪国の春」「東北文学の研究」など、日本民俗学の視点から東北を深く考察した文化論。

新訂 妖怪談義
柳田国男
校注／小松和彦

柳田国男が、日本の各地を渡り歩き見聞した怪異伝承を集め、編纂した妖怪入門書。現代の妖怪研究の第一人者が最新の研究成果を活かし、引用文の原典に当たり、詳細な注と解説を入れた決定版。

一目小僧その他
柳田国男

日本全国に広く伝承されている「一目小僧」「橋姫」「物言う魚」「ダイダラ坊」などの伝説を蒐集・整理し、丹念に分析。それぞれの由来と歴史、人々の信仰を辿り、日本人の精神構造を読み解く論考集。

海上の道
柳田国男

日本民族の祖先たちは、どのような経路を辿ってこの列島に移り住んだのか。表題作のほか、海や琉球にまつわる論考8篇を収載。大胆ともいえる仮説を展開する、柳田国男最晩年の名著。

角川ソフィア文庫ベストセラー

山の人生　柳田国男

山で暮らす人々に起こった悲劇や不条理、山の神の嫁入りや神隠しなどの怪奇談、「天狗」や「山男」にまつわる人々の宗教生活などを、実地をもって精細に例証し、透徹した視点で綴る柳田民俗学の代表作。

日本の昔話　柳田国男

「藁しび長者」「狐の恩返し」など日本各地に伝わる昔話106篇を美しい日本語で綴った名著。「むかしむかしあるところに――」からはじまる誰もが聞きなれた昔話の世界に日本人の心の原風景が見えてくる。

日本の伝説　柳田国男

伝説はどのようにして日本に芽生え、育ってきたのか。「咳のおば様」「片目の魚」「山の背くらべ」「伝説と児童」ほか、柳田の貴重な伝説研究の成果をまとめた入門書。名著『日本の昔話』の姉妹編。

日本の祭　柳田国男

古来伝承されてきた神事である祭りの歴史を「祭から祭礼へ」「物忌みと精進」「参詣と参拝」等に分類し解説。近代日本が置き去りにしてきた日本の伝統的な信仰生活を、民俗学の立場から次代を担う若者に説く。

毎日の言葉　柳田国男

普段遣いの言葉の成り立ちや変遷を、豊富な知識と多くの方言を引き合いに出しながら語る。なんにでも「お」を付けたり、二言目にはスミマセンという風潮などへの考察は今でも興味深く役立つ。